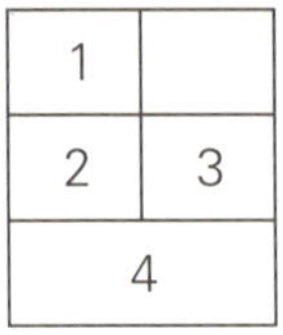

1. 学校图书馆一角。
2. 教室进门处有屏风式的墙,把教室隔出一小部分来做衣帽间。
3. 孩子们在上课。
4. 试一试:鸟的嘴巴怎么夹猎物?

1	2
3	4
5	

1. 给海洋生物找到家。
2. 自己动手做实验。
3. 看看城市的排水系统是怎么工作的。
4. 火山爆发啦!
5. 把三文鱼鱼苗放入河水。

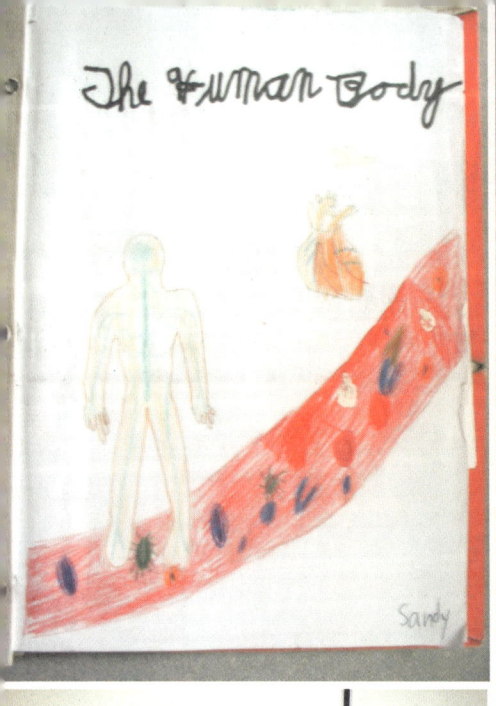

1	2
3	4
5	

1.孩子的第一场提琴演奏会。

2.试一试坐马车。

3.钢琴独奏。

4.练习穿着雪鞋走路。

5.春季的短跑赛。

1.冰球之国,哪有不会滑冰的。
2.学习做个小水手。
3.学校礼堂里的国旗和国歌歌词。
4.孩子们也玩起了舞狮子。
5.中国城张灯结彩庆新春。

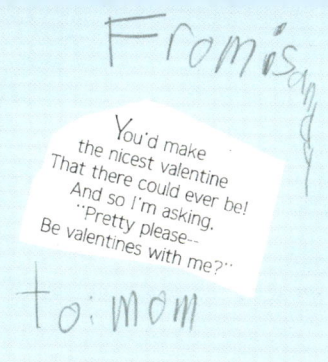

1	2
3	4
5	6

1.非非为中国春节作的画：舞龙。

2.栓柱给妈妈做的爱心节卡片。

3."鸟有飞翅，我有爱心。妈咪：我爱你。非非"

4.非非给妈妈画的肖像。

5.栓柱送给妈妈的母亲节礼物：一本自制菜谱。

6.非非画的毕加索风格的爸爸肖像。

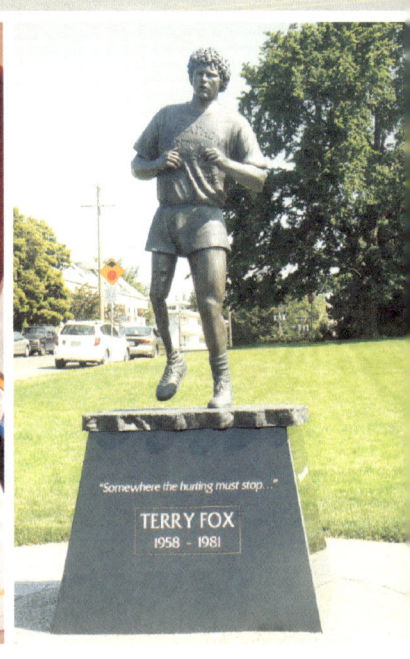

1	2
3	4
5	

1.用歌声感谢家长。

2.集资兴建的新游乐场。

3."户外活动"的抽奖篮里的奖品。

4.泰利·福克斯的铜像。

5.报纸新闻：一位一年级小学生发现了一个化石。托马斯老师把它圈出剪下送给栓柱看。

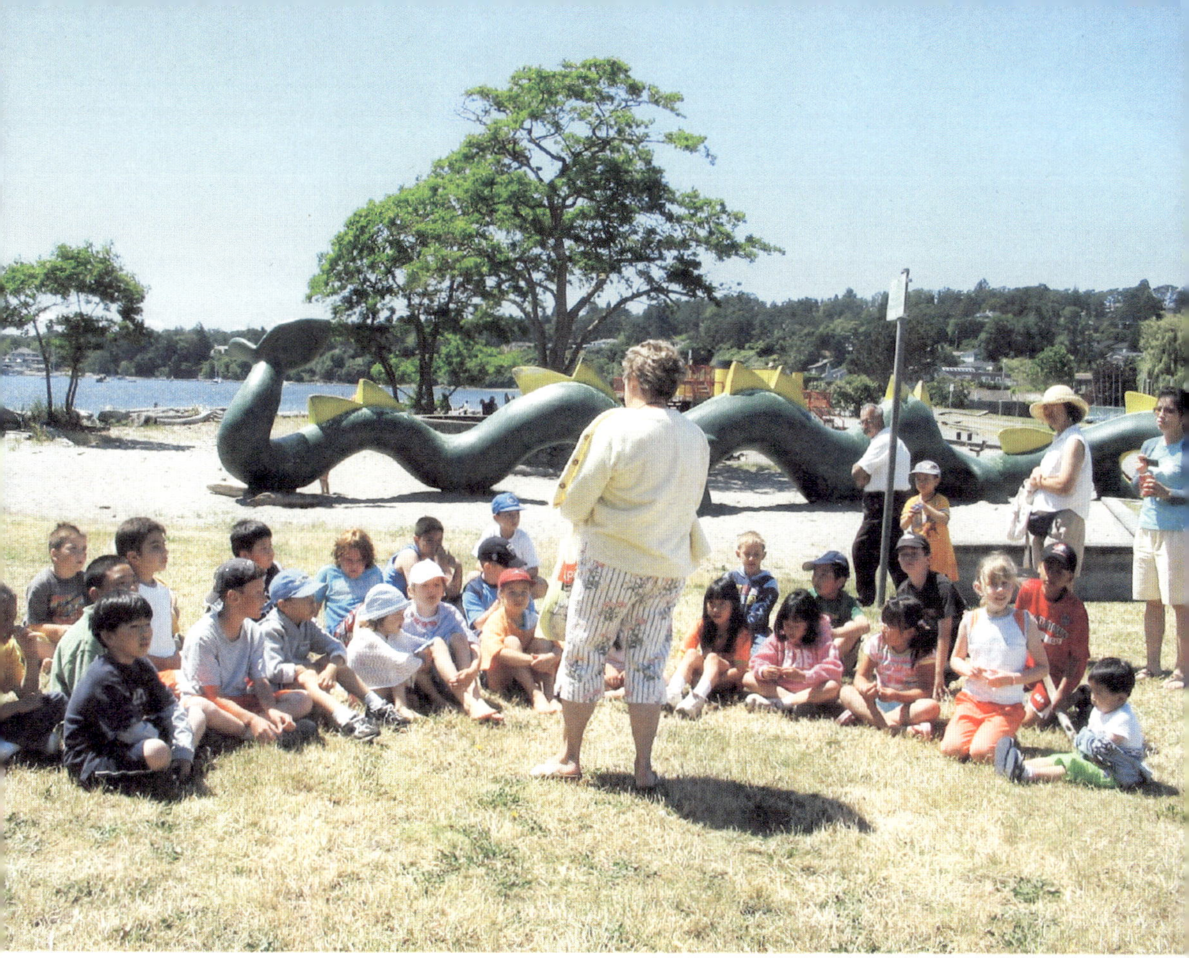

1	
2	3

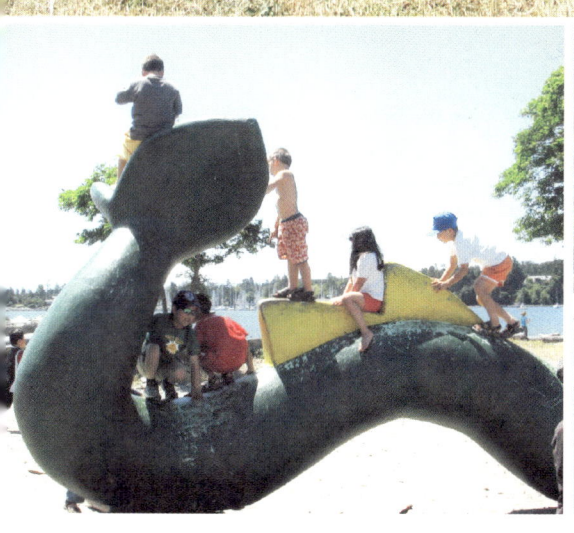

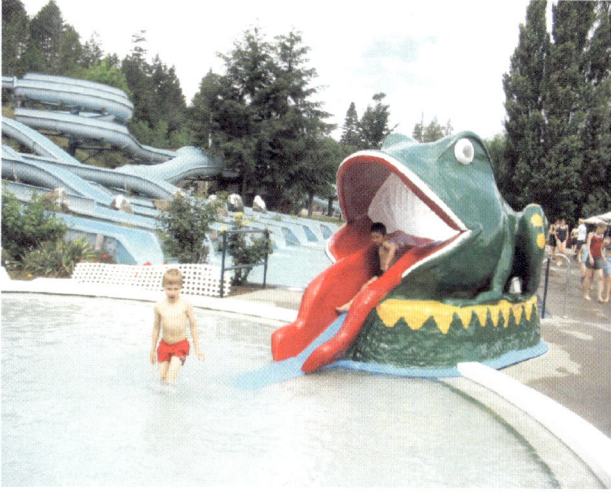

1.学期末，海滨游玩（背景是传说中的海龙的塑像）。

2.孩子们爬上了龙背。

3.在水上公园疯一疯。

1	4
2	
3	

1.非非穿上了救生衣,也要去和同学一起划独木舟了。
2.营地的篝火晚会。
3.毕业啦,向老师献上一束鲜花。
4.小学毕业了,人人都要上台与校长握手。

以人为本的教育铺就孩子幸福之路

入选
2011、2012年
中国教育新闻网、《中国教师报》
"影响教师的100本书"

小学还能这样上

中国妈妈眼中的加拿大小学教育

廖晓英 著

宁波出版社
NINGBO PUBLISHING HOUSE

图书在版编目（CIP）数据

小学还能这样上：中国妈妈眼中的加拿大小学教育 /廖晓英著. —宁波：宁波出版社，2011.7（2015.8重印）
ISBN 978-7-80743-769-7

Ⅰ.①小… Ⅱ.①廖… Ⅲ.①小学教育－加拿大 Ⅳ.①G62

中国版本图书馆CIP数据核字（2011）第109341号

小学还能这样上
——中国妈妈眼中的加拿大小学教育

廖晓英 著

出版发行	宁波出版社
地　　址	宁波市甬江大道1号宁波书城8号楼6楼
邮　　编	315040
电　　话	0574-87259609
责任编辑	陈　静
装帧设计	翁志刚　金字斋
印　　刷	浙江新华数码印务有限公司
开　　本	710毫米×1000毫米　1/16
印　　张	17.125
字　　数	180千
插　　页	6
版　　次	2011年7月第1版
印　　次	2015年8月第4次印刷
标准书号	ISBN 978-7-80743-769-7
定　　价	29.00元

如发现印刷质量问题，请与承印厂调换，电话：0571-85155604。

二版序言

感谢宁波出版社对《小学还能这样上》重新包装，与中学一书共同推向市场。借此机会希望能够更全面地反映加拿大教育的实际面貌，也能够表述那种教育哲学。

加拿大的中小学基础教育，在不同的阶段，针对不同年龄学生的生理和心理特点，有不同的教育目标和教育方法。在玩耍中学习，就是小学阶段教育的特点。但是，许多初来乍到加拿大的中国父母，看到孩子们回家既不做功课，又不背书，在学校不是做游戏，就是搞派对，连老师讲课时，学生常常都不是老老实实坐在课桌前认真听讲，而是围成一圈席地而坐，十分不理解。我听到过不少这样的抱怨，认为这里的孩子在学校天天就是玩儿，学的东西很少，也很浅。

孰不知，这样的玩耍蕴含着很深的教育意义。我在本书中记述了我两个儿子的受教经历：在自己动手制作机器人的过程中，孩子们学习了几何，建立起了对立体和空间感的认识；在画图表达一本书的场景时，孩子们加深了对故事的理解，提升了想象力；在亲手准备一顿午餐的过程中，孩子们边吃边体味到其中的营养成分，树立起健康饮食的理念；在体育课的游戏中，孩子们在学习如何遵守规则，如何与他人配合，等等。这样的例子在他俩的小学学习过程中数不胜数。

不仅在学校里如此，老师也鼓励家长积极配合。与孩子一起读书，既是亲子活动，又能培养孩子的读书习惯；陪孩子一起做他们喜欢的事，既是对孩子的支持和赞赏，也能帮助孩子充分发展自己的爱好；带孩子一起做义工，既是家长对社会的积极参与，也是为孩子树立榜样。父母与孩子在这些点点滴滴的互动中，建立起良性的交流和信任。

这些虽然看上去都不是在直接学习书本知识，不是熟记文理概念，但这种春风化雨的方式却让孩子们在玩耍中体验到了学习的趣味，以及和伙伴们一起成长的快乐。他们不仅学到了知识，也学到了做人。这种宽松的气氛让他们的思想和心灵都感受到自由，让他们的爱好和个性能自然地发展。这样的成长才是健康的，人格不是被扭曲的。这不也正符合了中国古训中的教育哲理"寓教于乐"吗？

现在，越来越多的教育理论都强调，儿时的学习应当更多地使用音乐、图画、戏剧等艺术手段和游戏方法，也要给孩子更多自由的时间和空间。而用死记硬背的知识装满孩子的大脑，用重复不断的练习或学习各种技艺填满孩子的空余时间，让他们超前地、过多地学习，从初学来看，似乎比那些天天玩耍的孩子胜了一筹；但从长远来讲，却会在相当程度上遏制孩子的智力和精神成长。教育不能急于求成，来不得急功近利，而是要像植物扎根一样，开始可能缓慢，但扎实而深入；根深则树大。让孩子们的爱好、智力和能力在儿时得到自然地生长，合理地开发，打好根基，他们的后劲儿才会更大，他们的想象力、创造力和思维的能力才可能像健康的树木一样，随着时光日积月累，成长为参天大树。

廖晓英

2015年6月

二版序言 /1

引 言 /1

第一章 新学期、新班级、新老师 /1

1 新学年第一天:各就原位 /4
2 实用而安全的校舍 /6
3 分班:和自己的朋友在一起最重要 /8
4 开门会上认识新老师 /11
5 年年照张相,记录孩子的成长 /15

第二章 在学校,重要的信息来自老师 /17

6 老师的"致家长信"一目了然 /19
7 课程表帮助家长了解在校学习 /25
8 老师的每周汇报内容详尽 /27
9 在帮助老师的同时了解孩子的学习环境 /30

第三章 以阅读为本 /33

10 学校的读书要求 /35
11 趣味阅读计划 /37
12 老师的阅读指引 /39
13 阅读与讨论 /41
14 充足的图书资源 /44
15 给孩子买书 /45
16 学校举办书市 /47

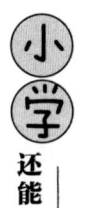

小学
还能这样上
——中国妈妈眼中的**加拿大**小学教育

第四章 语言训练分门别类 /49

17 一以贯之的拼写练习 /51
18 读书还要写报告 /52
19 学作"周记" /55
20 为写作而领略大自然 /57
21 打好英语基础 /60
22 咬音嚼字的语音训练课 /61

第五章 浅显而实用的科学教育 /63

23 重复、滚动的数学学习 /65
24 学习用科学术语表达概念 /68
25 制作机器人,学习立体几何 /69
26 旧货买卖:运用数学解决实际生活问题 /70
27 学习天文,发挥想象力 /72
28 让孩子们各显神通的科学小实验 /75
29 别开生面的营养学教育 /77
30 在养殖三文鱼中学习生物学 /79
31 节水教育与海盗娱乐会 /82
32 强记与规范化也很有必要 /85
33 自己动手做项目 /86

第六章 社会科学与教孩子做人 /89

34 通过介绍自我分享知识 /91
35 知道自己的权利和义务 /94
36 什么是"贡献"? /96

目 录

37　学习如何面对来自同伴的压力　/98

38　防止孩子吸毒　/101

39　和孩子一起接受防火教育　/103

40　自行车周：环保教育　/105

41　街道上的安全　/107

42　新闻阅读与演讲：学会关心社会　/109

43　为青春期作准备　/111

第七章　艺术教育：学习、欣赏与表演　/113

44　美术训练多种多样　/115

45　老师汇报音乐课的教学　/118

46　人人是观众、人人是演员的学校音乐会　/119

47　有教学意义的交响乐会　/121

48　戏剧欣赏也是艺术教育　/123

49　学乐器是为了表达和分享　/125

第八章　培养团队精神的体育　/129

50　球类运动重在学习相互配合　/131

51　跑步也有各种名目　/132

52　游泳是最基本的生存技能　/134

53　全班一起打水球　/136

54　加拿大人人都会的滑冰　/138

55　为保护心脏一起跳绳　/140

56　海上扬帆　/141

第九章 把教育寓于欢庆节日之中 /143

57　万圣节：讨糖和募捐 /145
58　纪念先烈，播种和平理念 /147
59　圣诞之际学历史 /148
60　给孩子梦想：与圣诞老人通信 /150
61　庆春节：欣赏不同文化 /152
62　文化之旅：逛中国城 /155
63　传送关爱的"情人节" /158
64　母亲节的连环画 /161
65　父亲节："我的爸爸完美无缺" /164
66　每个人的生日都是全班的节日 /166

第十章 家长是学校的无冕之王 /169

67　家长也是学校的管理者 /171
68　"家长会"每月例会面面俱到 /173
69　更换中学先征求家长意见 /176
70　教师居然也罢工 /178
71　罢工期间的家长、学生自救 /180
72　校长未尽职被家长解雇 /182
73　与校长不打不成交 /184
74　茶会答谢家长 /186

第十一章 募捐：从小做起的公益活动 /187

75　圣诞节前学校里的集市 /189
76　齐心协力集资兴建学校游乐场 /191
77　继承英雄未尽的事业 /194
78　剃光头发捐赠儿童癌症患者 /196
79　孩子们最爱的意大利饼 /198

目 录

80 订文具也是为学校捐款 /200
81 各显神通的班级旅行筹资活动 /202

第十二章 教书与育人 /205

82 老师总是夸奖孩子 /207
83 孩子的自我评价很重要 /209
84 正面看待与众不同的孩子 /212
85 让孩子接受自己 /214
86 一条新闻寄希望 /215
87 丢书反被安慰 /216
88 向老师求助总能解决问题 /218
89 打架是严重的违纪行为 /220
90 老师是孩子的伯乐 /222

第十三章 期末的快乐时光 /227

91 海边出游兼寻宝 /229
92 去水上公园：家长和老师的聚会 /231
93 营地之旅：体验加拿大人的冒险精神 /233
94 内容详尽的成绩报告单 /237
95 用歌声欢送退休老师 /244
96 老师再见，孩子们再见 /246
97 该上中学了！ /248
98 小学毕业 /251

后记 /252

书评与读者来信节选 /254

引　言

父母都希望孩子幸福。在中国家长的眼里，孩子的幸福不在今日而在未来。古人说：少壮不努力，老大徒伤悲。所以，家长都希望孩子从小学（甚至从幼儿园）开始就拼命学习，将来能进好大学，然后找到好工作、挣大钱、当大官、出人头地、光宗耀祖，似乎这样一来，孩子的一生就幸福了。至于少年时代的学习和生活，应该怎样安排，对那些衣食不愁、生活小康的家庭来说，这似乎不应该是一个问题。努力努力再努力，成功成功再成功，没完没了的家庭作业，朝思暮想的考试高分。在今天的中国，许多人都说，小学生们是全家工作负担最重的一个。人们常常说"幸福的童年"，但是，在这样的生活中，有多少孩子的童年是真的幸福？

重视教育，是个好传统；幸福生活，确实是起步于孩子们开始接受教育。问题是，什么样的教育才能给孩子真正的幸福。这个问题，值不值得想一想呢？

我的两个儿子都在加拿大完成了小学阶段的学习。我感到，他们和我们在中国经历的学校教育有很大的差别，差别的根本在于教育理念。学校教育孩子的目的是什么？是单纯地让孩子学知识，还是全面地培养孩子做人？是不断逼使孩子"成功成功再成功"，还是首先开发孩子们的各方面潜力？是孩子的教育环境更重要，还是老师的知识水平更重要？是让孩子的知识学得越深越好，还是在浅层次上扩大孩子的知识结构？是让孩子通过大量的重复练习来不断加深加固掌握知识，还是让他们有更多自由支配的时间来快乐地度过童年时光？对于这些问题，中国父母往往偏于强调"知识""深化""成功"的方面，而我的孩子所经历的加拿大小学教育，却明显更往"成长""开发""快乐"的方面用力。

由于教育理念的不同，老师和家长们对待孩子的态度也与我们在中国所经历的有很大的不同。比如说，加拿大的老师在评价一个孩子时，多是称赞，少有批评。只要成绩中等，能跟上全班的进度，老师就会认为这个孩子学习很好。而就我在中国的经验来说，对这种成绩的学生，老师是会提出许多改进的要求的。又比如说，在加拿大，孩子们绝大多数的功课都是在学校里完成的。卑诗省教育部规定，在小学三年级以前，学童们没有家庭作业；三年级开始，每天的家庭作业不得超过20分钟；即使到了小学五年级，也不能超过45分钟。这样，回家之后，孩子们有不少"业余"时间，可以做他们感兴趣的很多其他事情。而在中国，我们知道，孩子们的课外作业量非常大，小学生一天有2个小时的家庭作业实属正常。

与此相关，中国家长和西方家长在教育上的做法也有许多不同。在加拿大的华人父母常常抱怨加拿大学校的教学内容过于简单，孩子们回家无事可做，于是，家长常常给孩子们外加功课，或参加补习，或去学习中文等等。而西方家长则把孩子的玩耍，特别是和朋友们的相处，看作必不可少的教育和成长内容，家长不会对孩子下课后的课业有额外的要求，而是经常带孩子去参加各类体育活动，或去小朋友家玩。华人父母于是常常这样评价那些"洋人"父母：他们是不管孩子的功课的。到了周末，华人父母把孩子从这个课堂送到那个课堂，参加各种各样的补习和才艺课程，而西方家长更愿意花大量的时间和孩子们一起踢踢球、骑骑自行车，更重视送孩子参加体育活动。当孩子们在学校参加出游活动的时候，许多上班的西方家长，也会拿出自己的假期来，向老板请假，出来陪孩子玩，而华人家长则很少放下自己的工作来做这类事。总的来看，似乎西方家长更看重孩子课业之外的成长，而华人家长，就像在中国生活的家长一样，往往更看重自己孩子对知识的获取。

孰优孰劣？到了大学应该可以看出一个大概了吧！我在大学教学，于是特别注意华人孩子的表现，并常拿他们和西方孩子来比较。我发现有两类不同的学生：一类学生有开阔的视野、独立的见解，擅长分析和解决问题，积极参与课堂讨论，创造性比较强；而另一类学生则比较被动，分析问题缺乏条理，思路也欠广阔，不善于解决实际问题。遗憾的是，大多数华人学生属于后者。一般认为华人孩子学习好，这其实是个极大的误解。华人孩子中，当然有学习成绩很好的，但是，就大多数来看，较之西方孩子的大多数，并不出色。尽管华人家长重视学习成绩，这种努力却并未大面积地显现在华人孩子的成长之中。

何况，成功决不单单取决于学习成绩。人们不难想象，当大学生们毕业投入职业生涯后，我们上面说的前一类人更容易适应新的环境，能够积极接受新的挑战，而后者可能会缩手缩脚，面对新事物感到困难重重。更进一步说，成功也不一定等于生活幸福。无论如何，那些生活态度被动的孩子们，在这样一个社会中，恐怕是说不上幸福的。连最容易获得幸福的童年都不幸福，一个孩子的人生今后会怎么样呢？

我的孩子现在还小，没有办法知道他们日后的人生路程，也就很难断言在他们的人生中这里所描述的小学教育会起什么作用。目前，我很高兴地看到，他们在成长的过程中是健康、快乐、丰富的，充满了自信和希望。

您下面将要读到的故事，就是有关这两个孩子在小学的生活经历。这些故事充分体现了加拿大的教育理念。

第 一 章

新学期、新班级、新老师

二〇〇四年夏天，我们一家四口来到加拿大，在西部太平洋岸边的维多利亚安家。我们的两个孩子都是男孩，都出生在香港。大的中文小名叫栓柱，小的叫非非。他们来到加拿大的时候，一个刚满七岁，一个还不到六岁，分别上二年级和一年级。

我们所在省的公立学校，入学年龄为五岁。不过，五岁的这一年级，还不是小学，而是称作幼儿园，只有半天的课程。孩子们从六岁开始进入一年级，一直到五年级都是小学阶段。六、七、八年级为初中，九、十、十一和十二年级为高中。一般来说，每四个学校编为一组，即两所小学、一所初中和一所高中。也就是说，两个小学的学生汇集到一所中学。孩子们就近入学。

不过，我们并没有选择离家最近的那所小学。那所小学离我们家只有五百米远，是全省教学质量最好的小学之一。顺便说一句，当地有民办的研究所，每年都根据教学质量分别给全省的中学和小学排名。华人家长一般都很重视这种排名，总愿意住到离好学校最近的居民区，以便就近把孩子送进排名靠前的学校。不过，西方家长们好像不大迷信这种排名，加拿大公共舆论对这种排名也很不以为然。我们的选择，则和排名无关，而是因为下面要讲的原因。

加拿大有两种官方语言，即英语和法语。小学和中学都设有这两种语言的不同课程项目，孩子们可以自由挑选一种语言的课程项目。维多利亚所在的卑诗省，即英属哥伦比亚，顾名思义，是英语地区。绝大部分家庭都以英语为生活语言，而法语课程则是作为外语来学习的。有一些学校，开设了专门的课程项目，从幼儿园班或一年级开始，所有的课程都用法语讲授。加拿大给这个课程项目起名为"French Immersion"（不妨译作"法语专心"），意思是学生完全"沉浸"

在法语之中，或者说他们要"专心"学习法语。参加这个课程项目的孩子们要到小学三年级开始，每天才有一个小时的英语课，其他所有科目都以法语为教学语言。据说这个课程从二十世纪七十年代在加拿大兴起后，一直有语言学家跟踪观察，被评估为在世界范围内用外语教学最成功的范例之一。

我们一来到加拿大就听说了这个课程项目。一来我自己是学法语的，二来我们愿意孩子能掌握多一种语言，所以我们对这个项目很感兴趣。恰巧，老二非非的年龄正适合从一年级开始就进入这个课程。于是，我们就选择有"法语专心"课程项目的学校。孩子爸爸任教的维多利亚大学校园旁边的校景小学就有这个项目。那儿离我们家也不算远，开车六七分钟的路程。我们还希望兄弟俩在同一个学校，这样家长方便，孩子们也有个伴。于是，我们的孩子就进入了校景小学，弟弟非非去了法文班，哥哥栓柱留在英文班。

第一年的学习生活，在熟悉与适应新环境的过程中不知不觉就飞快地过去了。新的学年又开始了。这是我们在加拿大的第二个年头。栓柱进入了小学三年级，非非在二年级。照例，每年九月的第一个星期一是劳动节；而劳动节的第二天，就是全加拿大中小学新学年开学的日子了。

1 新学年第一天：各就原位

这一天阳光灿烂，虽然个别知秋的枫树树叶已经开始变黄，但夏季的余热还是留了个尾巴让孩子们把暑期的热闹带进学校。八点四十三分打预备铃，可是刚刚八点半，操场上已是满满的学生和家长了。整整两个月的假期，孩子们见面先是陌生了两秒，继而立即亲热起来，嬉笑打闹活泼非常，把假期中在家里憋足的劲儿一下子都释放了出来。家长见到孩子的小伙伴，都忍不住说一句：长了，长了！就连家长之间，也都有几分老熟人久违之后重逢的欢欣，互相问候假期过得怎么样。

上课铃声一响，孩子们马上拿起七零八落地散放在地上的书包，从四面八方汇集到教学楼的入口处，鱼贯进入上个学年自己所在的旧教室。去年的班级老师站在教室门口迎接他们。

新学年的第一天，低年级孩子的家长们往往都会陪伴孩子来到教室门口，顺便和老师打个招呼。我也顺着人流先来到非非的教室。他去年的老师迪克森太太，是一位六十多岁的女士，能说一口流利的法语和英语，体态微胖，一头灰白的短发，圆圆的脸上总是挂着笑容。这时，她两手交叉垂放在前面，站在教室门口，和每一位学生及家长打招呼。我简单地向她问了个好，就急忙转往栓柱的教室去了。在这里迎接学生的是维妮奥拉太太，一位身材瘦高的女士。她虽然是栓柱他们班去年的班主任，但因为生病，只上了几个月的课就告假了，然后我们就没有再见过她。现在，她回来了，又见到了去年刚刚熟悉的孩子们，显得格外兴奋。她的着装郑重得体，深红色的西装礼服上衣配以黑色西裤，衣领上还特意别了一朵艳红的鲜花，甚有喜气。我向她打招呼问好，她便热烈地和我拥抱，让我有点受宠若惊。我刚要和她再寒暄两句，她却用手势示意停止，然后一个箭步跨到一个来到教室门口的小男孩面前去拥抱他。看得出来，她情绪高涨。我知道她很忙，不便多打搅，就悄悄离开了。

第一天只有半天的课时，中午十二点就放学了。按照惯例，上午有一个全校大会，校长讲话，欢迎同学们归来，并鼓励孩子们在新的一年里更上一层楼。其余的时间，是孩子们在自己班里活动。我中午去学校接孩子的时候，他们拿出班里的作业纸给我看。上面，老师写了一些简单的句子，比如：坐飞机，看电影，读书，到湖里游泳，去野营，摘果子，看见一只熊，骑自行车等等。非非告诉我，同学们拿着这个单子互相询问，是不是在假期里做了这些活动。谁做了哪一项活动，就把名字写在那一项后面。我想，这既练习了他们的法语，也帮助小朋友之间交流暑假期间的经历，还可以给他们机会学习如何和别人聊起一些共同感兴趣的话题。

开学的第一天，就这样轻松愉快地过去了。

教学楼内的走廊

2 实用而安全的校舍

加拿大的学校从外形上很容易辨识。在一幢幢二三层小楼（国内称之为别墅）鳞次栉比的居民区里，如果有一大排结构简单的平房，为一片很大的绿地所环绕，那就应该是一所小学了。当然，学校里还有游乐设备、篮球场等等。我们孩子所在的校景小学，校舍是一个L形筒子结构的平房，两翼建筑的汇合转弯处是正门。进入楼内，左边是体育大厅兼演出厅，右边是图书馆；图书馆的对面是校行政办公室。两翼伸展开来的房间，就都是教室了。

学校的规模不大，从五岁的学前班到小学五年级，六个年级共十二个班。每班的人数，法律限制在二十五人以下，五年级则每班不超过三十人。全校师生加起来，不超过三百人，这也是加拿大相关法规对小学规模的限制。如同我在"引言"里谈到过的，学生就近上学，每一个学校都有它的招生范围。如果学校收不下本居民区的所有学生，这个学校会负责安排学生到附近社区的学校上学；而当一个社区孩子数量增长到一定程度的时候，政府会考虑在这里开办新学校。相反，如果学生过少，政府也会关闭学校，把学生分散到周边社区的学校去。当然，家长也有为孩子选择学校的权利。如果你想要孩子到另外一个社区的学校去上学，你也可以去报名。在那个社区内的孩子被优先考虑的前提下，只要那个学校还有空位，就可以接受其他社区的孩子就读。

加拿大地广人稀，足够的空间在学校里充分体现出来。校景小学的每一间教室，大概都有五十平米左右，在同一侧有前后两个门。其中一个进门处，有一面屏风式的墙，把教室隔出一小部分来，这部分空间就是衣帽间。孩子们每人在这里有一个挂钩和一个不大的储物格。他们一进教室，就把自己的书包、饭盒及衣物鞋帽等放在那里。一般老师都要求孩子每人带一双鞋放在这里，进屋后换上它，免得孩子们把在院子里玩闹弄脏的鞋穿进教室。

　　隔开的那一侧，就是宽敞明亮的真正的教室了。中间放置着孩子们的课桌和椅子。不同的老师会用不同的方式摆放这些桌椅。有的教室里，课桌椅是正对着老师排成一行一行的，有的教室里则是四五张课桌对在一起，孩子们围成小圈相对而坐。吸引人的是四周的墙壁，高处挂满了各式各样的教学图画，低处是各种教学用具，孩子们的课本、图书、字典，还有学生们的图画、制作等作业。在教室的一角，是老师的办公桌，周围也往往都布置得清雅、丰富并有文化气息。教室其实也是老师的办公室，每一个教室的门口都贴着老师的名字。每年学生升级的时候只是学生们换教室，而老师则固守自己的领地。从这里也可以看出来，一般来说一个老师通常只固定教某个年级程度的学生。所以，教室里的这些教学用品，都是老师多年积累的教学资源，而不是单纯的艺术摆设。

　　教室里还有一个角落，有一个洗手池。孩子们做手工之后也好，吃饭之前也好，都会排队到这里来洗手。池子边有肥皂，还有一次性的纸巾。这是学校里最起码的卫生条件。虽然学校的男、女生厕所里都有洗手池，但教室里有一个不是更方便嘛。这种设计，我很喜欢。

　　我还注意到，为教学楼设计的窗子，位置很特别，都开在离地大约一米半的高度。这样，孩子们看不到窗外，外面的人一般也看不到教室里面的情景。这似乎也是有道理的，这样孩子们学习的精力不会被外面的景物所分散，也有助于安全。

3 分班：和自己的朋友在一起最重要

开学两三天之后，就要按照新的年级重新分班了。所有的学生都会重新编班，换新的老师和新的课室。其实，新班的分编工作，学校在上个学年末就已经完成了。那时候，家长们可以就此向校长提出自己的要求，比如有的家长希望孩子在两个不同年级的混合班，有的希望孩子在同龄孩子的非混合班，某个孩子一定要和他的某位朋友在一起，或者某个孩子一定不能和他的孩子在一起等等。校长和老师们会尽量考虑家长的要求。但是，如果家长向校长要求他的孩子要由指定的某位老师担任任课老师，校长则宣称是不予考虑的。可是，根据后来的经验看，这也不是完全不在校长的考虑范围之内。

作为家长，我当然很关心孩子们的编班问题，特别是新班的老师是谁、有没有他的朋友在同一个班、教室在哪里这些问题。周四下午我去接孩子的时候，栓柱一见到我就告诉我，他们今天分新班了，一同和他进入新班的有原来同班的越南裔三胞胎姐妹。我听了很高兴，因为那三个小姐妹对栓柱非常友好，栓柱和她们在一起，在新的班级里就不会感觉孤单了。我让栓柱先带我到新教室去看看。今年他的教室就在原来教室的旁边，教室门上写着"托马斯女士"，这就是他们今年的新老师了。我向教室里探了下头，看到两位女士正在谈话。其中一位稍微年长的女士，见到我，便走出来打招呼。我自我介绍是栓柱的妈妈，并问她："您是托马斯女士吗？"她肯定地回答着，一边热情地伸出手和我握一握，说："很高兴认识你。"

另外一位女士也过来了，接着说："我也在这个班里，和托马斯女士一起工作。"后来我知道她是在这个班上专门照顾一个智力有问题的学童的。在卑诗省的公立学校,一个班总留有一两个智障学童的名额;这些孩子也同其他正常孩子一

● 孩子们在上课

样,接受免费教育。如果某个班有这样的儿童,政府会配备一位专门人员负责陪同和照顾他(或他们)读书。在栓柱四年级的时候,他们班来了一位坐轮椅的高度残疾的学童。我们看到,每天有专门的方便残疾人的校车把他送到学校,停靠在专门的地点,然后有一位专门护理人员把他接下来,全天候地照顾他。包括吃饭,也是由这位老师来喂。班里每次外出活动,这个儿童也都参加。游泳的时候,这位护理老师抱他下水;滑冰的时候,她用轮椅推他在冰场上转。他受到的关怀,真可谓无微不至。他在学校的所有这一切的费用,都是由政府、最终是由纳税人承担的。那位护理老师,也真是不容易;我对做这一工作的老师们深怀敬意。

紧接着,托马斯女士主动告诉我,这是个二年级和三年级的混合班,她是这个班的主要任课老师,从星期一到星期四在班里教课,而星期五她不在,由助教高哲女士教课。为什么有混合班呢?我不大理解学校的安排,很疑惑地问老师这

样编班的意义。托马斯女士看出了我的担忧,很坦然地告诉我,这种编排班级的形式在加拿大的学校里十分普遍。这并不是说把高年级的差学生和低年级的好学生放在一起拉平程度,而是由于学生人数的问题。一个班有二十五六个孩子最为适宜,如果有二十八个以上的孩子,那这个班就太大了,老师所能给与每个孩子的关注就会减少。所以,学校为了让每个班都保持大致相同的人数,就会这样来编班,但这并不妨碍教学,因为教学是根据每个学生本人的程度来决定的。而且,小组活动非常多。听了她的话,我稍稍放下心来,知道栓柱并不会因为和低一个年级的孩子们在一个班而影响他的学习进度。

托马斯女士还补充说,实际上,这样分班,对孩子的社交能力还会帮助。就是说,这有利于培养不同年龄的孩子在一起的相处能力,这比只和自己的同龄人在一个班具有更大的挑战。她怕我还是担心,进一步解释说,他们在分班的时候,还必须考虑性别比例;同时也会考量孩子们之间能否和睦相处,考虑到孩子们的朋友圈子。最后这一点,我倒是有所耳闻。据说,有的老师在一个学年的期末,会非正式地向学生们调查他们希望新学年和谁同班。孩子们当然都挑选他们最要好的朋友。老师虽然不可能完全按照孩子们的意愿来编班,但一般也会考虑到孩子们之间的朋友关系,把两三个要好的孩子留在一个班里。最后,托马斯老师诚恳地对我说:以后有什么事,课前课后都可以找她。我很满意老师的解释,和她道了谢便离开了。

非非也领我到他的新教室去看了看。教室里有一位老师正在电脑前工作,我没有进去打扰。我问非非和谁分在一个班,他说出了一些同学的名字。我心里暗自高兴,知道他的朋友差不多都仍然和他在一起。他还告诉我,这也是个二、三年级的混合班。不过,非非是二年级的学生,他在这个班里是和高一年级的同学在一起了,这和栓柱的情况正好相反。这也进一步证实了刚才托马斯老师讲的那些分班的原则。

4 开门会上认识新老师

每年在更换新老师后的一两周内,学校都会安排全体家长和老师会面一次,听老师谈他的教学要求。见面会又叫开门会,先是全校家长开大会,由校长向家长们一一介绍所有的老师。每位老师被点到名字后,都站起来向家长亮相并点头或举手致意。然后,家长们再分头到各班去会见自己孩子的新班主任。考虑到许多家庭同时有两个孩子在一间学校,学校特意要求每位老师安排两场见家长的时间,每场约二十分钟。头二十分钟一过,每个教室里的小喇叭就响了,校长在广播通知大家应该交换教室了。

这次的开门会,我和孩子的爸爸先去了栓柱那个班。托马斯老师我们已经见过面了。她看上去应该有六十岁了,中等个子,体态微胖,头发短短的,显得干脆利落。她在每个孩子的桌子上放了纸卡,上面写着孩子的名字。这样,我们一进教室,就很自然地坐到了自己孩子的座位上。孩子的书桌上还放了一个大文件夹。文件夹里有这些东西:一封致家长的信,一份课程内容简介,一张调查表,还有一个文件,专门介绍如何使用这个做学习记录的大夹子。

文如其人,托马斯老师的信简洁清楚。在信的第一段,她告诉大家,她是这个班的主要任课老师,星期一到四都由她来教课,星期五的老师是高哲女士。高哲女士还主管孩子们的课外阅读活动。在第二段里,她向家长介绍了这个班的情况。这是一个二、三年级的混合班,共有二十三位学生,其中十位是二年级学生,十三位是三年级学生。老师特别向家长强调,孩子们在不同级别的班里,学习进度也会不同,主要还是根据孩子自身的情况来决定。

另一页纸则详细地介绍了他们目前学习的课程，主要有下面几项：

语言艺术：课外阅读计划已经开始，孩子们在家每天晚上都要阅读。三年级的学生，在校要开始读一本加拿大的神话传说，书名叫《白桦树皮》。（据我所知，加拿大小学里的英文语言学习，只有教学大纲，没有统一教材，由老师挑选适合这个年龄段的读物进行教学。）

拼写：每周一孩子们会有一次生词预测，周二、周三复习，周四再进行正式测验。孩子们在周三时可以把拼写练习本带回家，由家长帮助复习。每六个星期，会有一次总复习。周一预测成绩好的孩子，这周就会多加五个较难的词语练习。

数学：我们在学价值概念和数字。

科学：我们这一单元的主题为"热量与温度"。

体育：我们在学习一些既有合作又有竞争的游戏。

艺术：这一阶段艺术课的主题是秋天。

电脑：这周刚刚开始，我们要学习一个叫做KIDPIX的软件运用。

音乐：学生每周有两节音乐课，由我们的专家张森女士授课。在班里我们还学习一首叫作"歌颂加拿大"的曲目。

那张调查表，是老师希望家长拿回家去填写的，目的在于更多地了解孩子们，并知道他们的需要。调查的内容有以下几项：

你的孩子有哪些特点？

他在学习方面的长处或短处是什么？

他在身体方面的能力和局限是什么？

他的特殊爱好和特长是什么？

一 新学期、新班级、新老师

回家之后，我和孩子的爸爸认真讨论了这张表格，对老师想知道的内容一一做了说明。

最后一封信，向家长介绍了这个大文件夹子的用途。托马斯老师这样写道：

这个学习进程记录，会让孩子们过几个星期带回家一次，以便使家长们能不断了解到我们在学校里的学习进度。我希望，这不仅仅是让你们知情，同时也可以成为你们和孩子之间的对话内容。对我们来说，与家长一起合作，给予孩子尽可能多的教育机会，对孩子的成长至关重要。请你们和孩子们讨论他们学习的主题，并询问他们更多的细节。也许，当孩子们看到你们家长对他们学习的内容如此感兴趣，会非常高兴，家长也可能会有一些个人知识和经验能为孩子增加更多的学习内容。此外，这也是一本联系手册，可以让家长知道我们即将举行的外出活动、孩子们要做的课题以及学校里其他一些重要活动。请你们每次在看到这个手册后都签字，如果愿意的话，还可以写下简短的评述。我希望你们每次都能在两天之内将夹子交还孩子带回学校，这样我就不必总是提醒孩子们了。如果需要，你们可以把其中的任何一页留在家中。在学期结束的时候，我会把每个孩子的档案订在一起退还给孩子。这将是一本我们所完成的学习任务的完整记录。

托马斯女士简洁、清楚、和蔼而严格的风格，给我们留下了深刻的印象。这也是后来在我们和她交往中看到的她的一贯风格。

十五分钟以后，学校的广播通知大家，第二场见面活动五分钟后开始，家长现在可以准备更换教室去见另一个孩子的老师了。几分钟后，我们来到了非非的班上。他们是法文班，老师叫朱赛特·维格甘斯。我们家长称她维格甘斯太太，而学生们则被告知叫她的名字，即朱赛特太太，这可能是因为她的名比姓更顺口的缘故。从她的面部来看，她恐怕也有近六十岁了。但她打扮得很年轻，身穿长裙，梳着披肩发，身材修长，从背影看完全是位二三十岁的青年女教师的模样。

她的风格与托马斯女士截然不同，上周刚分好班，她就已经发信给家长们详细地解释了她的种种要求了。今天和家长见面，不过就是当面认识认识，问问家长对那封信有何问题而已。所以，她的讲话很随意，完全是聊天式的。她先介绍说这个班是个二、三年级的混合班。然后，又自我介绍说她在学校里已经教了几十年的书，今年刚刚在维多利亚大学攻读了一个语言学的硕士学位。我听了暗自吃惊，对她的奋发精神佩服不已。余下的时间里，就是家长提一些问题，诸如一本书要读多长时间，孩子不可以带什么样的零食到学校来等等。散会之后，许多家长还聚在老师那里，向老师作自我介绍，和老师聊天，气氛轻松和谐。

5 年年照张相,记录孩子的成长

每年开学不久,学校会安排孩子们照一张标准像和一张全班集体照。两个星期前,学校就给每位家长发了照片订单。订单上,可以让家长挑选照片的尺寸、数量、背景颜色及套照价格。家长选择后,附上现金或支票,或填上信用卡号码,在照相那天让孩子们把订单带到学校来就可以了。数周后,照片就发给孩子们了。如果第一次没照好,或是照得不满意,比如说眼睛闭上了,头扬得太高了等等,孩子可以免费重照。当然,如果只是对孩子的表情不满意,要想重照的话就得再缴费了。此外,每年还有一天,专门拍摄全班集体照和全校学生照。

我一直很重视这个照相日。照相那天,我特意为孩子们准备了与深蓝色背景对比鲜明的衬衫,希望他们能照一张英俊威武的帅哥照,留下他们成长的瞬间。从孩子上小学以来,我把他们每年的个人照和班级照都分别集中在一个用相角的黑底相册里,准备一直积攒到他们高中毕业,然后作为一个成年礼物送给孩子自己保留。这是一个很有意思的成长记录。岁月流淌,孩子成长,从一年一年的这些照片中,可以清楚地看到他们身体的发育、气质的改变和写在脸上的成熟度。昨天的幼稚,渐次转换为明天的青春。

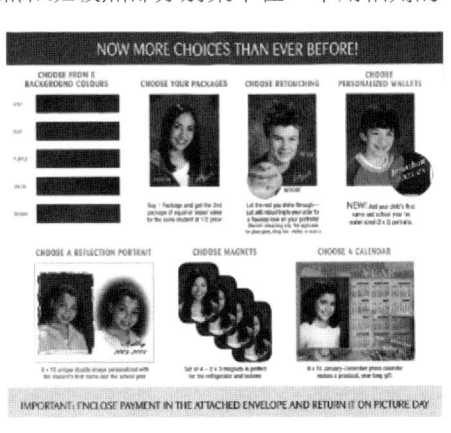

● 学校年年给每个孩子照一张标准像(这是照相的通知)

第二章

在学校,重要的信息来自老师

在小学四年级以前，栓柱和非非回家要做的功课极少。一周五天当中，最多有两三天，有那些需要大约半个小时就可以完成的家庭作业。可是，每当期末放假的时候，我都惊讶地看到他们从学校里搬回一摞一摞厚厚的作业练习本。原来，他们的作业都在学校里做了。

那么，他们在学校里，是不是就总在做那么多的作业呢？有一次，我问小儿子非非：你们在学校里怎么学习？非非回答说：我们在学校里不是学，而是做（We don't learn. We do.）。他简洁的回答让我茅塞顿开。结合我的观察，我想，他的意思是说，老师并没有给他们灌输，而是让孩子们讨论、动手，同时给孩子以指导；孩子们在做中学，又在学中做。

在低年级的时候，孩子们向家长叙述老师要求的能力还不健全，所以，他们在学校学习的各种信息，我常常是通过老师给家长的信获知的。到四、五年级时，老师就有意识地让孩子们自己记住并向家长转达他们的学习内容了。通常，四年级的老师会为学生们准备一个每日记事本，然后让孩子自己写上今天要完成的作业，老师负责检查他们有无遗漏内容，回家后要求家长签字。五年级时，就放手让孩子自己做了。

二 在学校，重要的信息来自老师

6 老师的"致家长信"一目了然

在刚刚开学的几天内，非非的老师就给家长写了一封信，明确并详细地介绍了她的教学要求。这封信是这样写的。

亲爱的家长们：

欢迎来到校景学校。我的名字叫朱赛特·维格甘斯，我是你们孩子的老师。我期待着在这一学年里和你及你的孩子一起工作。孩子们叫我朱赛特太太。我们这个班有二十三个学生，九个女生十四个男生。我和爱莲·希尔女士一起教这个班。希尔女士主要负责教数学、体育（包括安全知识和营养知识）以及科学常识。她每周二、四下午和每隔一周的周一下午教课。

我尽量简练地向你们和孩子们介绍一下这个学年学校和我们班的一些要求。

上学时间： 　星期一、二、四、五早晨8:43至下午3:00

　　　　　　　星期三早晨8:43至下午2:00

八点四十三分是提前五分钟的预备铃时间，所有晚于这个时间到校的学生必须打电话或提前通知校办公室。如果你有特殊情况不能在放学时间准时接孩子的话，请你与我联系，你的孩子可以在校办公室等候你。如果你能让其他孩子的家长帮你代管一下你的孩子，那当然非常好。

零食和午餐： 孩子们在小学时期的一个学习目标就是培养良好的饮食习惯。我很愿意支持这一目标。对孩子们来讲，用手直接抓吃的零食比放在容器里吃的食物更方便。请给孩子们从四类营养食品中选择食品，并请放入密封较好的盒子里。我希望尽量避免食物撒到地上，所以请不要让孩子带盒装果汁，这很容易弄得到处都是。不属于四种营养食品的派对食品，可以在特殊场合或生日庆祝会时带来。所有吃剩的东西，包括垃圾，一律要带回家。这样你就可以看到你的孩子都吃了些什么。我过去看到过太多的吃了一半的三明治和没有吃的水果扔在垃圾桶里，十分浪费，所以我不允许孩子们扔掉任何食物。他们在学校里会有机会学做饼干，让他们获得一点烹调经验。希望每一个孩子能为今年的烹调基金贡献三块钱。孩子们可以把水瓶留在桌子上，但要经常拿回家清洗。孩子们要带一块餐巾或餐垫做小桌布，这样既可以避免食物掉到桌子上，孩子们也不会在脏桌子上进餐。

转学：如果你搬家的话，请提前通知学校并拿取一份转校申请表。如果你搬家但不准备让孩子转校，请你通知学校你的新地址、电话和紧急情况联系人。

湿雨天气：请在湿雨天给孩子穿合适的防雨衣服（包括雨靴）。学生到校后可以直接进入教室，但请不要早于八点三十五分。

家庭作业：我曾经对于家庭作业的合适量做过一点研究。每升一级，增加十分钟的作业量，是较为合适的。我希望你的孩子每天做二三十分钟的作业，阅读或练习所给的单词拼写，习算有关数字的两倍数的数学题等等。我建议你们在厨房里使用黑板或在冰箱上使用磁铁字母。在www.12ed.com网上，你们可以找到很好的学习外语的法文网页。

我每天会教孩子们三到五个新句子，然后他们把照此模仿练习的句子拿给我看，我来帮他们纠正拼写、词语间隔、大小写及标点符号方面的问题。孩子们要把这些词读出来。这些句子也会用来学习语音、正确的句式和适合孩子思维的各种写作技巧。孩子们要在同学面前多次练习大声朗读。每周五，我会把这些新学的句子写在周信中，让孩子们回家后念给你听。如果你不懂法文，要请孩子给你翻译。要鼓励孩子把新学的句子多读几遍，这样他们可以提高法文朗读的流利程度。在周五的信中，我还会写入每日在学校学习的重要内容，这样在成绩汇报表上你就知道他们所学的东西了。我会让孩子们把这些作业都保存在一个夹子里。

孩子们要在周信中就他们周末的活动内容填写家庭作业：我到＿＿＿（什么地方）和＿＿＿（谁）做了＿＿＿（什么）。到了稍后阶段，他们会被要求进一步扩展这种表达，学会用"首先……然后……后来……最后……"。

周日晚上，孩子们要写一写他们周末做了些什么。这对他们周一或周二上午要写的周记有帮助。所有的学生都要填好这张表格并交还给我，这是非常重要的。我建议你们买一本很好的英法-法英词典。我利用孩子们休息的时间批改作业，然后孩子们再誊抄到日记本上。如果有学生没有在周一把作业带回来，他在做这篇作业时就会有困难。所以，你们的支持非常重要。

笔记本：你的孩子要像对待婴儿一样保管好他们的笔记本（这是一个由大开本对裁一半的横格本）。不要把这个本子随便乱放，只可以把它放到书包里或书桌里。要把它包上封皮，不能把它丢了。请你帮助我提醒孩子，一进教室就把本子拿出来。一旦习惯建立了，他就可以自己做了。孩子们要用这个本子收集诗歌、歌曲以及其他一些知识信息。

课内阅读：二年级的学生，九、十两个月要阅读"黄皮童话"。他们选择一个故事，完整地阅读，然后选择其中的两到三页做叙述。有些孩子可能要反复朗读五到六遍，直到流利。孩子们要在一张自制的书签上记录下他们重复朗读的次数。孩子们通过这样的练习会进步得非常快，并从第一本书迅速转入阅读第二本书。对我来说，哪个孩子没有练习朗读，是很容易看出来的。在二年级的学习中，我会把阅读放在首位。希望你能帮助你的孩子建立一个晚间学习的时间表，并督促他把书和作业第二天带回学校。欢迎孩子们尽量多读，并尽可能快地把一本书读完。当他们读完"黄皮童话"之后，就可以读下一本更难的书，他们一共有五本书可读。孩子们还应该用自己的语言复述故事的主要内容。所有用来阅读的书，都要包上封皮。

每周的课外阅读：每周孩子们都要带回家一个装有一些书的包裹，里面有阅读难度各不相同的图书，还有一些杂志，都是既有故事性又有知识性的读物。这些书刊是为家庭阅读计划用的。它们要在每周一和图书馆的书一起带回学校。你要把你听到孩子给你大声朗读的书登记并签字。如果你不希望你的孩子参加家庭阅读计划，请告诉我。

玩具：我不提倡带玩具到学校来，这会影响课堂学习。如果有孩子在课上玩玩具，我会把它保存在我这里，直到家长来取。为此，我非常需要你们的支持。

集体积分：全班的表现要计分，得到的积分用来举办特别奖励大家的派对、出游、外加的休息或吃爆米花等活动。如果所有的孩子都把笔记本、书、表格带回学校，表现的确好，周一按时交作业等等，全班就可以得到一分。得到十分，就有一次获奖的机会。孩子们需要你们的支持来获得积分。

"每周之星"：每位学生都会有一周成为"每周之星"。在这一周里，他可以把他的特殊收藏、体育用品、喜欢的书、特殊人物的照片等等带到学校来。这是"关于我的一切"的一周。

图书馆：孩子们每周去校图书馆借阅和更换一次图书。因此，孩子们需要有足够大的书包来装大开本的图书。孩子们可以把书带回家阅读，但要保证在到期之前把书带回学校。他们可以把书直接放到图书馆的还书箱内。

书包：孩子们每天要把书包背到学校来。请每天检查书包里的物品，因为里面可能会有很重要的通知。这可以确保你了解孩子在学校的功课情况。

我的评分制度：孩子们会很快懂得我的评分制度。"+"或4分是"非常好"，表明"我可以不用老师帮助而独立完成功课"。"✶"或3分和2分的意思是"好"和"满意"，或者表明"我在完成功课时需要老师的一点帮助"。"•"的意思是"我需要更加努力，更注意听讲"，或是表明"我需要老师的许多帮助才能完成功课"。孩子们还要学习如何自我评判功课和自我打分。

咨询老师：请尽量避免在学生上课时间内咨询老师。早晨八点十五分到八点四十五分和下午三点钟以后我都可以见家长。学校的电话号码是：×××××××。

缺席：如果你的孩子不能来上学，请致电学生请假热线：×××××××。当他返校后，请与我联系，看他是否缺少学校的周信或其他一些通知。

需和父母完成的课题：今年孩子们会被要求和父母做几个课题。这包括：

——九月：家庭照片，介绍自己的家庭和自己的特点。

——十月：准备万圣节服装。

——明年二月：制作一个带有装饰的邮箱。

——一年中，每个人都有一个"关于我的一切"的演讲。

全家照：请每家照一张全家的近照（宠物也可包括在内）。我们需要一张照片用于讨论有关家庭的课题，另一张可以贴在笔记本上（自定）。这张全家照不要包括祖父母、亲戚和朋友。有关这些人的照片，可以在孩子做"每周之星"的那一周里再来使用。孩子们要用这张全家照做演讲，指出家庭成员（父亲、母亲、哥哥/姐姐，我是中间的孩子，我的弟弟/妹妹，或者我是老二等等）。他可以讲一点家庭成员的工作、兴趣以及他们的爱好和特长。照片最晚在九月底准备好。另有一张最好贴在笔记本上。有的孩子在课堂上会想家，这样他们可以在本子上看到家里人的照片。

标签：请在孩子的跑鞋、雨鞋、衣服、饭盒等物品上清楚地写上孩子的全名。你可以想象，当我们找到相同的两双未标姓名的鞋时，那是多么难以辨认，而孩子们会为此多么沮丧。这样的事以往发生过。

行为汇报表：如果你的孩子在教室里行为不妥并不听警告，我会给家长寄一张行为汇报表，由家长帮助孩子检讨他的行为是否妥当（让孩子写出：我破坏了什么规矩，我要怎样纠正），然后请在表上签字。有时，家长小小的一点帮助，也非常有助于我的努力，可以使孩子和我更好地合作。请第二天将表格带回学校。如果家长不明白问题所在，可在第二天早晨来教室见我，或往学校给我打电话。

学习用品：请将所有的学习用具尽快拿到学校来。所有的用品都要标上姓名，所有的铅笔都要在家削好。

非非的老师在信中写道：

我一直认为沟通是建立良好关系的关键。如果你有任何问题、困难、想法和建议，请告诉我。

在九月二十一号和教师见面的晚上，我会给你们更多的信息。请你们在会上提出所有你们想提的问题。

我期待着这一学年能过得快乐而成功。

7 课程表帮助家长了解在校学习

大儿子栓柱那边,老师托马斯女士则让孩子把课程表拿回了家,从中我得以了解他们每天在学校学习的大致情况。

最受重视的是语言,语言学习的分类非常细致。拼写生词是每天的头等大事,一周四次;周一初考,周二、周三老师帮助复习,周四测验。语言艺术,其实就是我们所说的"语文",每天四五十分钟,以阅读和讨论小说为主。日记,每周在学校里写两次。颇有意思的是,一周有三次课,叫作"大声朗读",就是让孩子们大声地把书读出来。同时,周五还有一次无声阅读,或是和同伴们一起阅读。

数学当然也是重头课,每天五十分钟。

科学,一周两次。从一开始上学,孩子们就接触许多科学常识和科学概念,然后在不断温习中逐年加深学习,滚雪球式前进。

社会科学课程,内容相当广泛,包括历史知识和地理知识,也要教育孩子了解各类安全常识,教育孩子如何做人、讲礼貌、交朋友等等。

艺术课,包括音乐和美术。音乐一周两次,此外老师还安排一周一次在自己教室唱歌的活动(音乐课要到专门的音乐教室去上)。美术也是一周两次。此外,还有戏剧课。通过表演一些小品,让孩子们既学会朗诵和表达,又培养和增强他们面对众人的自信心。

体育课一周两次。他们没有专门的体育老师,而是班主任带孩子们做各种活动。有专门的体育活动室,通常都是在那里做一些体能方面的训练和游戏活动。

电脑课，一周一次，学习一些软件的操作。

法文课，是这个学期的新课。栓柱上的是英文班，法文只是作为一门外语来学习，比非非他们法文班学习的东西要简单得多。

此外，他们一周还有两次游艺活动时间。在这些较低年级的教室里，每间都有许多的积木、拼图、棋类及其他游戏玩具。在这两次专门排出的游艺时间里，孩子们可以自选玩具随便玩。

也有劳动课。每周有一天，下午放学前的半个小时，用来让孩子们做清洁，包括打扫教室和整理自己的书桌。

这个课程表，看上去内容轻松，却也丰富多样。孩子在校，有阅读的时间，有学习的时间，还有玩的时间。其实，**玩也是学习，不仅是智力的开发，而且能够帮助培养孩子之间的互动能力和协调能力**。我对安排有专门的时间做清洁这一条尤其满意。别看这是不起眼的小事，培养孩子的这一习惯可并不容易。为此，父母在家的督促固然重要，但学校和老师在这方面的教育，往往更容易对孩子产生影响。

8 老师的每周汇报内容详尽

如前所述，非非的老师朱赛特女士允诺每周五都会给家长写信，汇报孩子一周在校的学习内容。现在我们可以看看她的第一封信了。此后每周的信，格式都是固定的，只是在内容方面不断有变动和更新。

一周回顾

本周目标：

把包好封皮的笔记本带到学校来。每天读书。把家长做义工和家庭联系电话的表格带回学校。请尽快把全家照拿到学校来。

社会科学教育：

熟悉在教室内的规矩。全班投票命名班名。每人介绍家庭成员和自己在家中的排行。

语言艺术：

用"in"的音节写一个短故事。

读"黄皮童话"中的故事。

画图讲故事："铁牙"。

数学：

复习数字并开始学习2的倍数。我们做了一个表格来看在家庭里的排行：最小和最大的孩子。

艺术：

为班里的一位小朋友制作一张生日卡。

科学：

下周，希尔女士开始给孩子上课。

电脑：

每隔一周的周一下午，每一个孩子都会有一台电脑，并学习一些项目。

体育：

这一周我们着重强调使用体育场和玩游戏时的个人空间和安全问题。

个人计划：

整理书桌。孩子们选择他们在教室里所负责的项目。孩子强调他们的特点。

安全：

我们学习了遇到豹子时怎样应对。（作者注：维多利亚周边的自然环境保护得相当好，到处是森林。森林中的美洲豹，有时甚至会在并不那么偏僻的一些居民区出没。如果到野外游玩，不仅可能撞上美洲豹，遇见黑熊的机会也是很大的。孩子们在学校里学到了一些知识，知道一旦遇到这样的情况应该如何应对。他们回家后还把这些知识传授给我们做父母的呢。）

接下来，老师写了孩子们这一周的法语学习的要点。以上的信件和以前的一样，是用英文写的。可是，下面的文字，就改用法文写了，因为交代的是他们这一周学习的法语句式。

星期一： 我们投票命名了我们班的名字。我们叫"灰狼班"。班里有二十三个学生，十个女孩子和十三个男孩子。朱赛特太太是我们的老师。西尔太太也教我们。她每周一、二、四教我们体育、科学和数学。欢迎大家来到"灰狼班"。

星期二： 在家里，我们有
三个孩子是独生子女。

九个孩子排行老大。

八个孩子排行老二。

三个孩子排行在中间。

排行老大的孩子最多。

在我们家里，我是 _____。

星期三：我们写了生日卡。

祝艾比和卓纳斯生日快乐。

卓纳斯，你是一个极有活力的女孩子。

太好了，太好了，卓纳斯八岁了。

（作者注：艾比和卓纳斯都是班上的孩子，他们的生日都在九月。每个孩子在过生日的那个月，都会收到其他同学制作的一张生日卡。）

星期四："in"这个音节的发音，由Felix朗读：（作者注：老师用我儿子非非的标准朗读作为代表。）Un beau jour au printemps, le poussin picore les grains dans le sapin.（晴朗春季的一天，小鸡吃松果里的松子。）

星期五：星期天早晨，朱赛特女士和包比度一起去打高尔夫球。首先，他们拍球，然后他们打球。之后他们去餐馆吃晚饭。她感觉好极了。

（作者注：这是老师为孩子们写的范文。这个周末，孩子们也要按照这种格式写一篇日记。）

9 在帮助老师的同时了解孩子的学习环境

朱赛特女士还在信中告诉家长，每周五下午两点到三点之间的孩子游戏时间，欢迎家长自愿前来参与。我于是趁此机会常常来到班里参加孩子们的活动，也顺便帮助老师照顾一下孩子们。

这是一周在校学习的最后一个小时。老师的安排是这样的：如果哪个孩子还没有完成本周的功课，要利用这一小时来完成；老师要把这些功课当着孩子的面一一批改，孩子们再拿去更正；做完功课的孩子们就可以玩游戏了。这里的孩子真自由，特别是在这种活动的时间，没有任何强制性的要求，孩子们可以在教室里任意选择他们想玩的东西。于是，有的孩子玩拼图，有的孩子画画，有的孩子下棋。我们一两个自愿来参与的家长，任务就是带着孩子们玩游戏。教室里有十几二十盒成套的游戏，都是这个年龄段的孩子们喜欢玩的。一个游戏一般可以由四到八人一起玩。我和孩子们常玩的一个游戏叫作"寻宝"。围着一张图，孩子们轮流掷骰子，决定每个人前进或后退的步伐，过程中往往遇到种种难题。经过一番努力之后，哪一位首先找到游戏所规定的宝物，哪位就成为赢家。这些游戏都不难，只是其中的规则很多。**让孩子们玩游戏的目的，首先就在于培养他们这些七八岁的孩子遵守规则的意识，有"费厄泼赖"（fair play，即公平竞赛）精神。**参与游戏的孩子都很乖，大家按部就班，不急不恼，玩得平和。班里自然也有几个调皮的孩子，但也没见他们过来捣乱，而是在一旁自己鼓捣自己感兴趣的东西。

记得有两次老师分配给了我任务，让我帮她整理学生的作业，把一摞摞的作业纸分放在每一个学生的作业夹中。我愉快地照办。这时，我惊讶地发现，他们在学校上课期间做了大量的练习。难怪他们回家没有作业，原来作业都是在学校里完成的。这样，老师可以当面纠正孩子的错误，指导他们得出正确的答案，比单纯做家庭作业，似乎更有帮助。

离下课铃响还有十分钟，这就到了孩子们收拾东西、准备回家的时间了。这时，老师要求大家停止游戏，把地上的纸张和垃圾全都捡起来，各自把自己的书桌收拾整齐。然后，他们拿好书包，排好队，等铃声响后，才可以走出教室。

每次参加这样的活动后，老师总要特意过来对我说声"谢谢"。其实，我心里更感激老师，特别欣赏她对孩子宽严兼备而适宜的态度。

第三章

以阅读为本

在加拿大的教育体系中，小学阶段的语言艺术课的分量远远大于其他各种课程。而语言艺术课，最强调的是培养孩子的阅读兴趣和阅读能力。这种教育哲学的逻辑，是把语言作为掌握和运用一切知识的根本。我们知道，语言的熟练掌握非一日之功，其中最基本的是阅读。培养孩子的阅读习惯，能够使他们终身受益。

西文是拼读文字，相对容易阅读一些；孩子们一上学，就囫囵吞枣地边识字边阅读了。英文世界的儿童读物，从文字到内容，由浅入深，循序渐进，层次丰富，每个年龄段的孩子都有自己的书可读。一个小学一年级的孩子，一年下来，自己阅读几百本自己这个年龄段的书，那是不足为奇的。

在学校里，老师安排各种阅读活动。在课堂上高声朗读是必不可少的一课，结伴或分组读书也经常进行。还有当然就是默读了。就我亲眼见到的情况来看，通常是课间休息过后，孩子们刚刚回到教室，老师让他们默读，短则十分钟，长至半小时。这时，教室里鸦雀无声。老师们这样安排孩子们安静读书，一来可以使孩子们在玩闹后静下心来，二来也培养了他们一坐下来就拿起书阅读的习惯。我对此极为赞赏。

当然，孩子们在学校里用来阅读的时间总是有限的，老师对孩子一对一的阅读辅导更是有限的。所以，大量的阅读需要孩子们在放学后自己进行。在这方面，学校对家长也提出一定的要求。家长和老师相互配合，孩子们的阅读能力就会比较快地得到提高了。

10 学校的读书要求

开学后的第一个周末,栓柱就把他的课外阅读书带回家来了。老师发给每人一个大塑料袋,里面放了一本书和一张读书记录纸,同时还给家长写了一封信,详细地解释了他们班的读书要求。信是这样写的:

七班的家长和监护人们:

这个包里放的是你们孩子的课外阅读书,这本书是你的孩子自己从我们教室的图书中选择的。请你每天坐在你孩子身边十到十五分钟听你的孩子朗读,一周最少五次。

当你的孩子完成了他的每天朗读之后,请在袋中所提供的记录纸上签字。这张记录纸要一直保存在这个袋子里。如果孩子们在一周中有五次完成了朗读,每星期五的时候,就有机会把他们的名字放入抽奖盒中抽奖。当然,如果星期五是节日或教师进修日没有课,抽奖就不进行了。

我们鼓励孩子们尽快读完一本书,并接着读另一本书。图书馆的书和自己家里的书,也可用于家庭阅读项目。

如果你有任何问题,请于星期五到学校来与我联系。

谢谢您的参与。孩子们热切期望与你们一起分享他们的成功的阅读。

祝阅读快乐!

高哲太太

(作者注:这是他们星期五的授课老师,同时也负责课外阅读。)

在这封信的后面，老师还附有一张关于阅读后如何进行讨论的具体建议，告诉家长如何帮助孩子在阅读过程中掌握阅读的内容。这些建议具体而实用，我也把它们翻译并记录在这里：

当孩子读完一本书后，建议家长用下列问题引导孩子进行讨论。你们可以把这些问题与具体一本书的内容相结合。

首先，关于故事读物：

1. 谁是故事中的主角？
2. 这个故事是什么时候发生的？
3. 这个故事是在哪儿发生的？
4. 故事中的问题或目标是什么？
5. 问题是如何解决的？目标是怎样达到的？
6. 故事中你最喜欢的部分是什么？为什么？
7. 你会不会把这本书推荐给别人？为什么？

其次，关于非故事读物：

1. 关于这个主题，你已经知道了哪些？
2. 说说你从中学到的三项内容。
3. 其中你最感兴趣的内容是什么？为什么？
4. 关于这个主题，你还想再学到什么？
5. 你会不会把这本书推荐给别人？

从小和家长一起读书，对培养孩子的阅读习惯有很大的帮助。 这样的阅读我们一直坚持。习惯成自然。有一段时间，我们老大变得每次念书非读给我听不可。有时，我在忙着做家务，一会儿走到这里，一会儿走到那里，他就跟着我，在厨房里边走边大声朗读。

三　以阅读为本

11 趣味阅读计划

非非拿回来的家庭阅读书,是装在一个用花布缝的袋子里的。这个袋子看上去很像我们过去大学时代在国内用的那种碗袋,好像蛮有年头了。老师也写了一封信,详细地交代了家庭读书计划的实施方法。这封信,与栓柱老师的那封信又不一样。它是这样写的。

亲爱的家长们:

以往的经验证明,每天坚持不懈地阅读的孩子,阅读能力的提高会非常大。尽管你的孩子法语水平还很有限,我仍然鼓励你的孩子参与趣味阅读计划。参加这个计划的孩子,每周要带回家一包图书。如果你不希望孩子参加这个项目,请告诉我。我提醒大家,你可以选择参加或不参加。

黄皮/玫瑰皮童话阅读俱乐部

趣味阅读计划是与黄皮童话(二年级)和玫瑰皮童话(三年级)阅读俱乐部相互分开的。阅读黄皮或玫瑰皮童话的时候,每个星期孩子们要反复阅读一个故事中的连续三页(五遍),并把这几页故事叙述给阅读小组的同学听。孩子们会在学校里做这个练习,他们也可以在家里做同样的练习。

书袋

参加趣味阅读计划的同学,每人会得到一个书袋,里边一直要保存一张读书记录纸。每个星期,一个孩子会拿到七本小故事书和两本杂志。这个书袋在家里存放一周,每个周一带回学校。如果周一没能把书带回学校,他就得等到下一周的周一才能拿到另一包图书了。

这些书拿回家后,我建议你们按顺序做以下的事,以确保这项计划的成功:

● 找到你和你的孩子都可以坐下来的时间,一起大声朗读一本书。如果你的孩子会读,请他给你大声朗读。如果时间允许,让你的孩子从整本书里找出他能读的词。让你的孩子用法语并使用他自己的词汇讲出这本书的故事。问孩子有没有问题。每次大约十分钟。

● 让孩子在记录纸上写下书名。然后,根据情况,你在后面的三个格子中选择打钩(这三个格子里的内容是:我给孩子念了这本书;我的孩子在朗读这本书时需要一些帮助;我的孩子独立朗读了这本书)。请你在最后一格中签字。如果你希望的话,还可以加上你的评语。可能的话,请一星期做两到三次。

● 周一早晨退还书包和记录纸。

祝你们阅读快乐!

12 老师的阅读指引

前面提到了"黄皮童话"。这是二年级的非非在学校里的一个阅读项目，不在上面所说的家庭阅读计划之内。"黄皮童话"其实是他们在学校里的精读书，每天必读。在每个孩子的黄皮童话书里，老师夹了像长书签那么大小的两张纸卡。一张用于孩子们的阅读记录，老师在上面注明，从哪一页到哪一页，是学生这周需要反复朗读并要当着全班复述的。家长也要帮助记录下孩子在家中朗读这些页码的次数。另一张是一份阅读指引，相当详细、具体地指导孩子们如何阅读。阅读指引的内容如下：

如何阅读

第一，在阅读之前

1. 我要先看

—题目

—封面

—图画

2. 我要想想：我已经知道了一些什么

—题目让我想到……

—封面让我想到……

—图画让我想到……

3. 我再假设一下：书中会有什么事发生呢？

第二，在我阅读时

如果遇到一个不懂的单词

1. 我看看图

2. 我仔细看看词和组成这个词的字母

3. 我猜猜这个词的意思

4. 我把这个词拆开，发现这个大词中有一个小词

5. 我越过这个词

6. 我读每个音节：从第一个到最后一个

7. 我用节奏，那个词的节奏和这个一样

8. 我再读一遍这个词

9. 求助

我请求帮助：

首先，我问两个朋友；

然后，我问老师；

老师告诉你如何辨认这个词，并不直接告诉你这个词的意思。

第三，阅读过后

我叙述：

1. 这让我想到……我有时……我从来没有……我希望……我已经……

2. 我简述一下：故事中的四个重要情节。

3. 故事的要点：我看题目。

4. 我感到……阅读后我有什么感觉？为什么？

5. 我喜欢这个故事，因为……

6. 我不喜欢这个故事，因为……

13 阅读与讨论

　　从三年级开始，英文班的精读课就开始了阅读童话、寓言、传说等故事集。四年级开始，孩子们在老师的指引下读章节小说。五年级时，阅读分为短篇精读与长篇小说阅读两个课程。按照教学大纲的要求，每个老师自己选择相应的经典书籍让孩子们阅读。老师的作业通常是提出问题，让学生们一一作答。记得栓柱在三年级时读过一个故事，叫作"桦树的传说"，用拟人的方式叙述在加拿大生长的树种与树种、树与树之间的关系。其中讲到，松树是林中之王，而枫树是林中最受尊敬的树木。桦树由于娇小而自以为可爱无比，于是妄自尊大，还喜欢叽叽喳喳地搬弄是非，结果它的树干上就长满了黄斑和小裂口。读完作品，老师没有让孩子们学习分段、写段落大意和中心思想，而是就故事中的生词、细节、寓意等提出许多具体的问题让孩子们回答。比如说，老师为了让孩子们注意到故事中介绍的每一种树木，特地就书中对每一棵树所描写的特征提了一些问题。老师还问："桦树为什么喜欢叽叽喳喳？""它为此付出了什么代价？""这个故事想要表达的意思是什么？"老师提的问题，都是按照阅读文字时的顺序编排的，而且非常细致，这样既能督促孩子们认真阅读文字，又帮助他们加深对故事的理解。

　　阅读文字的问题解决之后，最重要的是讨论。就桦树的故事，老师脱离故事的具体内容，和孩子们展开讨论了许多话题。比如说，什么叫作妄自尊大，怎么样才能和周围的人和谐共处，加拿大有哪些树种，它们的生长有哪些特点，桦树有哪些品种，印地安人用桦树做什么用等等。有些话题是老师提出来的，有些则是孩子们自己联想到的。许多相关的知识，常常是从孩子们自己的口中说出来与大家共享的，而这正是老师所特别鼓励的。

非非的法文班有一次读了一本英文书，故事是讲一个俄罗斯的犹太女孩，在第二次世界大战的时候，经过千辛万苦，逃脱纳粹的魔爪，来到北美大陆的故事。老师和孩子们讨论的话题之一是关于痛苦。老师问孩子们："你们有没有过痛苦的经历？"有的孩子说，当他家的狗死去的时候，他很难过；有的孩子说，当他看到他家的兔子遇到麻烦时，他的心情非常难过；还有的孩子说，他爷爷去世时，全家都很难过，但他却没有能哭出来，现在也许就会哭了。孩子们从自己的日常生活中找到人生的感受，又与那位俄罗斯女孩子的经历作比较，懂得了什么是人生的痛苦，从而也更能理解那位女孩子历经痛苦的感觉是什么样的。从这些讨论中，孩子不仅们学到了知识，而且他们开始懂得人生，同时还锻炼了表达能力，学会了参与和分享。

有时，老师还会给孩子们推荐和朗读一些程度比较深的故事或小说。四、五年级时，非非班的老师甚至给他们朗读了大人们读的经典著作《动物农场》呢。有意思的是，在孩子们听老师读书的时候，老师并不要求孩子们背手挺腰地专心听讲，而是让每人拿出一个图画本随意画画。画的内容可以与所听的内容完全无关，反正孩子们可以边听边画。我最初听非非讲到这种情况时，非常吃惊，但也认为老师这么做一定有她的道理。在某个机会，我专门问过老师为什么这样做。露女士告诉了我一个心理学的知识：一心是可以两用的。她说，如果你让孩子们只是专心听故事，他们往往会走神；而当你给他们朗读故事的时候，却让他们放任自己的思维，做点其他的事情，他们反而会更专注，画画可能就是最好的方式之一。老师说，我总是告诉孩子们可以任意涂抹，可是，每当故事讲完之后，回过头来看他们画了些什么时，你就会惊奇地发现，他们的画其实大多与我所读的故事情节有关。这不仅帮助孩子们集中了注意力，而且，还有助于他们丰富自己

的想象力。我听了她的解释,暗自赞好,心想:能够懂得孩子们的心理,让他们不受束缚地发展,这样的教育才能充分地挖掘人的潜能。可惜我们小时候常常受到过度的压制,可能已经丧失了许多潜能。

14 充足的图书资源

要孩子读这么多的书，就需要丰富的图书资源。加拿大从学校到社会完全保障了这一需要。在学校里，每个班上，都有几百本适龄儿童的图书，就在这个班的教室里陈列着。全班同学可以轮流借阅这些书。一个孩子如果一天看一本书，一个星期看四五本，一个学年下来，还不一定能把自己教室的藏书看遍。学校有颇具规模的图书馆，还提供每周每个孩子至少借阅两本书的机会。

在校外，有政府办的公共图书馆。三十五万人口的维多利亚市，有一个公共图书馆系统，设有四处图书馆，分散在城市的不同部分。每个公共图书馆，都有至少几百平方米的空间（主馆可能有上千平方米），除了一般图书之外，还有专门的报刊、电脑、音像等部分，更专门设有宽敞明亮的儿童图书区。对老人，则有专门的大字印刷本的图书。图书馆全部采用开架借书方式，所有的书架都不太高，大约不超过两米。儿童区的书架就更低了。居民每人可以免费办一张图书卡，这张卡可以在这四个图书馆任意使用，在这个馆地借的书可以在别的馆地还。一张卡，一次可免费借阅六十本书。一本书的借阅时间为三个星期；在没有其他人指名催还某本书的情况下，都可以多次续借。

自从来到这里之后，孩子们就养成了每周周末到公共图书馆去还书、借书的习惯。我和两个孩子的三张图书卡，最多可以一次同时借一百八十本书——当然我们不会一次借这么多，但每次总也借个二三十本。每个周六，带着孩子们到图书馆去，看着他们穿行在书架之间寻找自己喜欢的读物，随意坐在地上或沙发上专心地阅读，然后帮他们把几十本书搬回家，真是一件赏心乐事。

15 给孩子买书

即使学校有丰富的图书资源,也还需要自己购买一些图书。买到自己手里的书,不仅读起来更方便,而且可以不时回头再来翻翻,温故知新。去书店,也是我们的经常项目。同时,学校还有一个订书计划,这也是孩子们很喜欢的一件事。北美有一家很有创意的出版和发行商,叫做Scholastic,他们的发行对象不是书店,而是学校。他们不接受个人订购,而是面向学校,以班级为单位销售图书。每位老师都可以在那里开一个账户,每月可以拿到新书目录和相应的订单。老师拿到订单后,发给学生;这样,每月孩子们在学校里都能拿到一个订书单,回来之后饶有兴致地选择自己喜欢的图书。发行商收到订单后,会把书直接寄到学校。根据每班订书的数量,发行商会给老师一些积分,老师可以用这些积分为学生购买班级公用的图书。商家有商家的聪明。这家书商的诱人之处,不仅在于书的品种多、质量好,而且在于价格低廉。因为学校是大宗购买,这样订书的价格比一般书店要便宜很多,一本书也就一两块、两三块钱。

订书的具体工作都是由家长义务承担的。我就为非非他们班承担过这项工作。每个月,我负责把订单发给学生,然后再收上来统计订书的数目,通过电话向出版商订购,并把支票寄给他们。两三个星期后,订购的图书就会寄到学校,我再把这些图书分发到孩子们的手上。

我很喜欢他们的订书单。每一份书单的内容都极其丰富,推荐的书目没有重复的,而且还根据不同时节提供一些具有时令特点的书目。比如,九月份会有介绍感恩节或与这个节日相关的书目(加拿大的感恩节在十月份,不像美国是在十一月份），十月份则会推出一些万圣节、鬼怪故事之类的书目，十一月份就有与圣诞节相关的种种书目了。根据不同的年龄，书目的内容也不相同。西方的儿童图书非常符合孩子们的年龄和心理特点，书店里卖的儿童读物通常是按孩子的年龄分类，一到四岁，五到八岁，九到十二岁。我发现，我的两个儿子每次去书店，一定是站在他们年龄段的图书架前找书。可见，这里的图书出版商把孩子们的心理研究得多么透彻。这个订书单，也就如同一个书店，琳琅满目。

我每次都鼓励孩子们自己挑书。不过，为了不使他们无节制地购书，我还是给他们定了一个金钱的额度。当然，如果有非常好的书，即使价格贵一些，也可以有例外。

16 学校举办书市

每年三个学期,学校自己还举办三次书市,包括两次英文书市和一次法文书市。安排的时间非常合适,都是老师和家长见面谈话的那天。发行商仍然是Scholastic,书的价格不仅比外面便宜至少30%,而且购买任何一本书其中的相当一部分钱都会由书商用来赞助学校。所以,举办一次书市,各方受益。

书市就设在学校图书馆里。平时用的书桌,大大小小拼在一起,各种样书就摆在上面,供孩子们自行选择。卖书的人员,不是发行商的雇员,而是家长们,他们义务承担售书工作。

书市安排的时间给我们家长带来极大的方便。我们在教室里和老师谈话,孩子们就在书市选书。等我们和老师谈完话,知道孩子们在学校很乖,就以奖励的形式给孩子们买书。两个孩子可以尽情地挑选他们喜爱的书。孩子们受到奖励,我们还为学校作了贡献,何乐而不为呢?

第四章

语言训练分门别类

语文课在加拿大称为语言艺术课。这门课的内容十分复杂、丰富，分门别类，细致入微，下设的相关分课程很多。除了认字和阅读之外，在小学阶段，学习词汇、练习拼写、写日记、写读书报告等等，都分门别类地通过专门的课程学习。这些也都属于语言艺术这一大科目。没有什么统一教材供学生使用。任课老师按照省里制定的教学大纲自己来选择相关的教学材料，并根据情况自己掌握和安排课程的内容与进度。

17 一以贯之的拼写练习

练习拼写是一项专门的课程。整个小学阶段，英文班一周练习二十个生词已成为惯例。在不同的年级，根据孩子们不同的接受能力，逐渐增加生词的长度。学生在学习拼写的同时也学会了拼读。

通常的做法是，星期一，老师讲解和预测着二十个生词，外加五个额外的难词作为挑战和鼓励。然后，在这一周当中，每天都反复练习这些词，直到星期五的小测验。通过小测验，可以验证一下学生们是否掌握了这些词。老师还会根据孩子们程度的不同，分别给不同的孩子一些不同难度的词汇。有的孩子记忆力强，学得快，老师就会给他们一些较难的词语练习。有的孩子学习进度慢一点，老师就找一些相对容易的词语。哪一个年龄的孩子应当掌握哪些词汇的拼写，老师是有参考规范的。

孩子们在小学阶段发育还不够成熟，彼此之间是有很大差别的。**不强加压力于孩子，而是按照每个孩子自己的发育程度循序渐进地因材施教，可以大大减少孩子的压力，不会使孩子因为觉得跟不上而丧失自信心。**

到了四、五年级，在继续练习拼写的基础上，还会增加专门的词汇训练。孩子们在认字、学拼写的同时，还要进一步加大词汇量，也要增加对于如何使用词汇的理解。一个星期五六页的练习，颇有分量。这些练习都不是简单的重复，而是变着花样地让孩子们拼写、玩文字游戏、造句、理解词汇。孩子们在练习中自学，在自学中练习。他们不是被"填鸭"，而是自己动手动脑。

18 读书还要写报告

读书报告是语文教育的一项重要内容。栓柱第一次写读书报告,是在三年级的时候。老师并没有要求孩子们写得多么具体,多么深刻,而是交给他们一张表格,上面清楚地写明了读书报告的具体要求和内容。所以,第一份读书报告,对孩子们来说,就像填空一样地完成了。

这份表格是这样的:

故事书的读书报告

书名:_____

作者:_____

插图作者:_____

主要人物的名字:_____

你最喜欢的是故事的哪一部分?写出至少五句话来加以描述。
_____
_____
_____

你想见到书中的哪位人物?为什么?
_____
_____

画一幅画来表述书中的某个情节。

这张简单的表格，其实告诉了孩子们读书的要领。从对这些问题的回答中，不仅可以看出孩子对书的内容的理解，而且也给了他们足够的空间去发挥自己的想象。**这种练习，既有一定的规范，也有自由的发挥，不求高深，重在达意，不枯燥也不呆板，虽然看上去简单，但久而久之对培养孩子严密的思维和充分的想象力都很有帮助。**据栓柱的老师介绍，他并没有一刀切地让班里所有的孩子都做同样内容的报告。能不能写读书报告，写几份报告，写什么式样的报告，这都是根据每个孩子的不同程度来要求和进行的。

非非的法文班到四年级时，每天有一个小时的英文课。英文课的内容不讲语法，不学课文，而是读小说，写读书报告。他们一本接一本地读书，而每一本书的阅读和读书报告写作这整个过程，大体上都分这样几个步骤。首先，老师提供一些可供这个年龄段的孩子们读的小说，孩子们每人选一本自己感兴趣的书。接下来当然就是自己去阅读了。阅读后，孩子们被要求用两页作业纸的长度，概述书的内容。孩子们先写出草稿，交给老师批改文字；老师把作业中的语法和拼写错误一一改正后，孩子们再把读书报告整齐地誊抄在一张大作业纸上。

然而，这还没有完成整个过程。这时候，孩子们还要围绕这本书的主题，用具体和形象的方式来表达作品。它可以是一幅画，一个雕塑，一张图表，或任何一个孩子自己所能够找出来的某种表达方法。老师会给学生们列出十几种参考方式和参考题目，孩子们可以自由选择，当然也可以在这些之外进行自我创造。有一次，读了一个淘金者的故事之后，到了形象表达这个阶段，非非自己创造性地选择了画一张地图，展示他所想象中的这个人在淘金过程中所走过的路线和他最终所发现的淘金地。还有一次，他为一本科幻小说画了一本连环画，把这个故事用连环画的形式从头到尾叙述了一遍。最有意思的一次是，他们读的那本书，是讲一个人迷失在森林里的过程中，他如何靠吃野物而生存下来的故事。非非想象,这个人走出森林后,开了一家餐馆。于是,非非就替他拟了餐馆营业的一个菜单,里面列的都是些稀奇古怪的"山珍海味",比如说苍蝇蚊子餐、青草沙拉、烧烤斧头棒、野兔子、野鸟、野梅甜品等等。下课之后,他得意地告诉我,同学们都很喜欢他的菜单。我问他怎么知道,他说,因为一念同学们就哄堂大笑。

还有最后一个步骤,就是演讲。孩子们要向大家讲述书中的故事,还要向大家展示和解释他们的作品。一本书这样读下来,真是多方面地锻炼和提高了孩子们的阅读、写作、想象、创作和表达能力。

19 学作"周记"

非非在二年级的时候,每到星期五,都带回来一份星期日晚间要做的"周记"作业纸,内容是记述周末的活动。因为是法文班,这份周记要用法文来写,对刚刚开始学法文的小学生们应该比较困难。所以,老师已经逐句把文字的框架搭好了,孩子们也是像填空一样就可以完成作业。

周记的格式,当然与哥哥的读书报告不一样。所以我也把它记录在这里,作为读者的参考。

```
(什么时间)_____ 我 (和谁)_____
去了(什么地方)(做什么事情,为什么)_____。
首先,_____
然后,_____
最后,_____
我感觉(用形容词)_____,
因为_____。
```

在这套格式的下方,老师把括号里要求学生按情况来填写的各种可能使用的词汇也列了出来。比如:

时间:星期五、星期六、星期日,早晨、中午、下午、晚上、夜里。

地点：家里、公园里、城里、海边、教堂、朋友家、商店里、电影院、游泳池、大学里、山里。

做什么：踢足球、骑车、游泳、睡觉、开生日会、买东西、看电影、散步、爬山。

我感觉：很好、高兴、幸福、很累、自豪、难过、不幸、自信、失望、沮丧、紧张、兴奋、生气。

为了方便那些不懂法文的家长，老师还特意在这些法文提示和词汇旁做了英文的翻译和注解。

看得出来，简单易做，这是加拿大小学教育的一大特点。这样，一年下来，经过几十次的练习，孩子们就能轻而易举地掌握这些句式和写作格式了。

20 为写作而领略大自然

五月里的一个阳光灿烂的周五下午,我陪非非他们班去领略大自然,因为他们要写一篇描述春天的文字。老师带着全班孩子们,步行去附近的淘米山,我负责在队尾做监督,以防有孩子掉队。

出发前,老师先向孩子们提出一些要求:每位同学找一个伴儿,排成两行;走在马路边的人行道上时,同学们相互之间是可以讲话的,但当到了山下进入小道时,就不可以说话了。大家要用眼睛看、鼻子闻、耳朵听,观察大自然,欣赏大自然。

出发了,孩子们果然在路上叽里呱啦说个不停。老师在前面走得很快,孩子们在后面紧赶慢赶。有的淘气的男孩子,在队列中走走停停,和前边的同学队伍脱离得很远,我就不停地催促他们赶上去,不要掉队。过了一会儿,老师回过头来,发现队伍很乱,便停下来稍事整顿。老师特意问那个调皮的男孩子,能不能好好地走在行人道上,而不要走在人家的草地上。那孩子一边向老师做着怪样,一边点头。老师不依不饶,直到孩子做了严肃认真的回答,也就是我们常说的"态度端正了",才又继续领着大家往前走。

大约十分钟后,我们就来到了淘米山的山脚下。这时,老师再次宣布,不能再说话了,大家排成一行,每两人之间相隔半米,静静地走,用眼、鼻、耳工作。孩子们稀稀拉拉地跟着老师从小道往山上爬。

这可能是淘米山最漂亮的时节,小花如繁星般漫山遍野,给山坡涂上了一层淡雅的紫色，在绿树、青苔的陪衬下显得异常美丽。植物发出阵阵清香，在清洁的空气里飘来荡去，使人陶醉。遥看四周，西北方是岛上的崇山峻岭，层层叠叠，色彩苍翠，曲线优美；南边隔海是美国华盛顿州巍峨高耸的奥林匹克山，座座雪峰东西一字排开，构成维多利亚的天然屏障；偏东方向是美国境内著名的贝克火山，对称的圆锥形山体线条柔和，山顶银装素裹，山腰青翠苍茫，山脚好像伸到了湛蓝的大海边，大海这边还有我们所在的萨尼赤半岛那弯曲的海岸线。蓝天、碧海、雪山、白云、鲜花、绿树，这就是维多利亚。这里的自然环境得天独厚，再糅合美洲本土、欧洲移民和隔着太平洋所遥望的亚洲等三大洲的文化，形成了世界上最美的地方之一。在这样的大自然中，孩子们受到了美的陶冶。

到了小山头上，老师让孩子们坐下，并开始向他们提问：用你们的眼睛，你们看到了什么？用耳朵，你们听到了什么？用鼻子，你们闻到了什么？乖巧的女孩子们比较善于回答这样的问题，有板有眼地告诉老师她们看到的地方，她们曾经去过的地方，等等，还告诉老师那里有什么有意思的东西。而男孩子们则心不在焉，东一句西一句不着边际。我在一旁偷偷地鼓励非非积极回答老师的问题，他一直不肯。过了好一阵儿，他忽然手指着远方大声说道：我看到了美国！老师不禁被他那与众不同的回答逗得哈哈大笑，附和道："对，对，那边就是美国。"老师一边说着，一边招招手："Hallo，美国！你好，美国！"

我们在那里流连忘返，直到接近放学时间了才赶快带孩子们下山。孩子毕竟是孩子，他们对大自然的感悟力还不是很强，似乎都还没有体会到大自然真正给予人的力量和内涵。下一个星期，老师用了一周的时间，教孩子们如何描写景物，详细地讲述了怎样观察大自然，并提示孩子们，上周末的出行，他们通过眼睛看到了什么，用耳朵听到了什么，用鼻子闻到了什么，然后如何把它们描写出来，可以用哪些句式，哪些形容词，等等。又到了星期五，每个孩子都完成了一篇春天爬山的笔记。我相信，这样的活动和练习，可以强化儿童在大自然中所受的熏陶；而这样的熏陶，会在孩子们的心灵中留下烙印，培养出美好的情操。

21 打好英语基础

　　加拿大是个移民国家，有来自世界各国的很多移民。很多移民家庭的第一语言，并不是英语。来自这些家庭的孩子们，至少在开始上学的时候，往往英语会有一些困难。为了提高这些"半路出家"的孩子们的英文水平，政府专门拨款在公立学校里开设了一门课程，叫作"英语作为第二语言的课程"。我第一次拿到通知，得知栓柱也要参加这个课程时有些不解，禁不住去问老师："英文其实是栓柱的第一语言，他的英文水平比中文好得太多，难道也有必要参加这个课程吗？"可是，老师反过来问我："你们在家中的第一语言是什么？"我回答："当然是汉语了。"老师解释说："所以，孩子的头脑中就会有两种语言在转换，英文就不是他的纯粹的母语。"我听后，感到很有道理。当然，我也知道栓柱在语言方面是发育比较晚的；特别是在口头表达上与同龄孩子相比有一些差距。于是，我也就愉快地接受了这种安排。

　　这是一个小班课程，在专门的教室进行，有专门的教师辅导。根据孩子们英语程度的不同，课程的安排因人而异。栓柱是每周两次上这个课，每次大约持续四五十分钟。慢慢地，我发现，栓柱很喜欢这个课程。在这个班上，老师带着三五个孩子，一次学习一个故事，然后一起讨论。因为规模小，气氛轻松，栓柱不紧张，自然而然就能积极参与讨论。老师每每在评语中赞扬栓柱知识丰富，提出的观点非常有想象力。这种几乎是一对一的小灶课程，对孩子在语言学习上的帮助之大可想而知。通过这样的小组讨论，栓柱大大增强了学习和表达的自信心。经过一年半的学习，校方通知说，栓柱的英文水平已经完全达到了教学要求，可以免修这门课程了。

　　这个小小课程的开设，也显示了加拿大的小学对语言教学的重视程度。

22 咬音嚼字的语音训练课

在小学期间，栓柱还参加过一个语音训练课程。这是在他四年级的时候，我们接到学校的一个通知，说栓柱每周的周三要参加半小时的语音训练，为期十周。通知还说，如果家长有任何问题，请与××女士联系。

我怀着好奇心给这位女士打了电话，她向我解释了事情的原委。这位女士是校景小学所在的管理学区的一位语言训练师。她巡回于学区所属的各学校，对发音有困难的学生进行语音训练，纠正他们的发音。她告诉我，孩子们应该在什么年龄掌握哪些音节的正确发音，这是有标准的；过了这个年龄，如果他还发不好这个音，就要做专门的训练，争取及早纠正。参加她的训练课程的学生很多，从小学到初中都有，也包括不少母语是英语的孩子，各式各样的发音问题都有。

栓柱要纠正的是英文中th的发音。科学研究认为，孩子在七八岁的时候应该能正确地发这个音了。但是，已经超过这个年龄的栓柱似乎还没有掌握发这个音的要领。所以，这位语言训练师每周一对一地帮助栓柱半小时，告诉他要把舌头放在上下齿之间咬合起来发音。每次课后，她都会发一张作业纸，要求栓柱每天练习十五分钟。我不解地问她是如何知道栓柱的问题的，她说这是栓柱班的任课老师注意到的。任课老师向学区提出申请，学区就会安排相应的特殊训练课程。在加拿大，老师总是忘不了夸奖孩子。这位语言训练师也对我说，今天她给栓柱做了训练，栓柱是位十分可爱的孩子，他很配合，很认真。我把老师的话转述给栓柱，他也很受鼓励，很快就在学习中解决了这个发音问题。

第五章

浅显而实用的科学教育

对孩子们来说，学校是上学的地方，也是玩的地方；知识可以通过课堂上老师的教学来获得，也可以通过自己亲自动手、亲眼所见而获得，甚至可以从娱乐和玩耍中获得。兴趣是孩子们学习的动力，乐趣是学习的润滑剂。理想的状态是，有兴趣而学习，学得有乐趣，越有乐趣越愿意学，学得越多越有兴趣，这就形成一个良性循环。所以，老师的任务不仅仅是教孩子们具体的知识，而且也要特别重视培养孩子们的求知兴趣，让孩子们在学习中找到乐趣。

这种教育哲学和方法，在很大程度上，体现在了加拿大的小学对孩子们所进行的科学教育之中。

五 浅显而实用的科学教育

23 重复、滚动的数学学习

中国社会非常重视数学教育，孩子们的数学课，练习多，计算快，学的内容也很深。相比之下，加拿大的中小学数学教学内容就简单多了。有知情人说，中国初中学生的数学水平，与加拿大高中学生的程度相当。加拿大的小学生，从一年级到五年级，每一个学期学的都是一样的东西：识数、加法、减法、乘法、除法和小数、分数。不同的只是计算的数字随着年龄的增大而增大。

一年级的数学学习重点，在于建立概念。在计算方面，只学十以内的数字的加法。而概念方面，则早就开始接触一些我们在中国要到中学才会学到的概念了。比如分数，这是我们在中国的小学四、五年级才学的，这里呢，一年级，就用意大利饼切成四块的图画，让孩子们来理解二分之一和四分之一的概念。还比如，用图画画出三组小鸡，一组两个，让孩子们建立乘和除的概念。老师让孩子们用一步或一拃来学习估计物体的长度，这样来建立长度的概念；再拿一个秤，来称一称孩子们熟悉的一些物品，建立轻和重的概念。靠形象的图画、实物和涂色，来学习平面和立体等形状；拿硬币认识数字和钱；让孩子们认识时间，并懂得箭头的运动方向：是顺时针还是逆时针，是前还是后。在几何图形中，让孩子们寻找直角；用实物让孩子懂得物体的正面和反面，用图画学习对称的概念，用食物和动物训练孩子简单地分类；也学习纪年、季节、月份、星期和单日，让孩子们学看月历。还有，用图画学习寻找节奏和规律：如上上下上、上上下上，或者正反反正、正反反正的排列等等。这些概念，看起来很简单，也许在许多人看来根本就是不成其为概念的东西，甚至聪明的孩子都可以做到无师自通。但是，我相信，儿时的这种科学概念的训练，既可以帮助成长中的孩子们养成严谨的学风，又能够启发儿童从生活实际中去发现科学知识和科学原理，是很有益处的。

二年级的时候，会重复这些概念，只是计算的重点上升到了二十以内的加减法。老师带领孩子们在学校反复练习；老师的理想目标，是孩子们能像背公式似的脱口说出这种计算的答案。当然，很多孩子都达不到这一步。但是，如果能用辅助工具计算出结果，那也非常好，也是受到鼓励的。这些辅助工具，包括手指头，或者是一个十几厘米长的尺子，孩子们可以数着尺子上的数字作加减法。

到了三年级，在数字的认知上，就进入千位数了。在学期开始的时候，他们反复练习排列数字的大小，让孩子们建立约等数的概念。比如说，54、55、56等这些不同的数字，分别是约等于50呢还是约等于60？计算方面没有这样大的跃进，仅仅是升级到十位数的加减法，一些程度高一点的孩子可以开始练习百位数的加减法。至于乘法和除法，还是停留在用图画来认识的阶段。在这个阶段，他们也接触到了更复杂一些的几何图形，更长一些的图形规律排列，要学习看懂图表并能运用图表回答简单的问题，运用图像学习十以内的分数。此外，学习看温度，学习利用钟表计算时间的长短，学习估计程度的大小，学习用钱买东西的加减法，并接触简单的小数，也要掌握计量单位的基本概念。

四年级才接触到大量的百位数的加减法和小部分的千位数的加减法，还有抽象但简单的乘法、除法、小数和分数。在中国，小九九每个学童都倒背如流，可是，在加拿大，对这些说英语的孩子们来说，那就比较困难了。老师也不是不主张背诵，但是，这里没有强制的学习方式，也不会用考试分数来施加压力让学生背下乘法口诀。自觉、聪明的孩子，或者家长抓得比较紧的孩子，往往能很好地掌握小九九；不然的话，孩子的数学程度就会受影响了。不过，一些大一点的孩子的家长告诉我，孩子口算慢些也不要紧，到中学的时候，考试就可以用计算器了。

五　浅显而实用的科学教育

孩子进入五年级，识数和加减乘除的练习进入简单的小数和分数阶段，度量和几何图形都更复杂了一些，并开始学习容量、两面体、三面体、画平面几何图形，通过察看曲线形或圆形图表来解释问题，解答那些需要两个步骤来完成的应用题，运用图表自己来画出一个事物的规律，还接触到大面值的钞票的计算，平面几何的计算，平面几何的图形转换，用分数来表述问题等等。

当我的孩子年复一年地重复学习这些数学内容时，我逐渐发现了这之中的教育逻辑。**数学学习和孩子们的思维成熟之间是有密切关系的。**每年孩子们重复学习这些内容，对这些没有考试压力或日常的学习高压、练习习题量也比较少的孩子们来说，无疑是一个不断巩固过去所学的知识的过程，也符合我们古人所说的"温故而知新"的认识规律。随着年龄的增长，孩子们对数字概念的认识逐渐加深，他们可以从以往熟悉的计算方式中接触到更复杂的数字。这样可与他们大脑的成熟程度相吻合，学习时不会感到太吃力。

小学生的数学练习，从计算上讲，通常都非常简单，应用题也不复杂。他们更重视的，是如何运用数字来表述问题、解释问题、回答问题和解决问题。当然，中小学生的数学要学到什么程度是教育学家们还在争论的问题，各国教育的理念也往往差别很大。学习数学是一种必不可少的思维训练，但训练要达到的目的是什么？是要精深到人人能解决刁钻古怪的难题，还是能运用数学逻辑解决日常生活和社会生活中常常遇到的问题？一般说来，似乎中国人更重视高深的技巧，而加拿大人则更重视实际运用。从我自己的体会来讲，当我们脱离学校之后，对绝大多数非专业人士来讲，在琐碎的日常生活中，所能够经常运用到的数学知识，似乎也不过就是这些小学程度的数学题。很多还不算多么复杂、高深的数学知识，尽管在初中、高中时代花了无数的时间和精力去学习和练习，现在在生活中早就用不到了。

24 学习用科学术语表达概念

那天拿到非非的一篇作文,我读了觉得很有意思。他是在描写他自己画的一幅画。画面也很简单,不过是一个水怪。他的描写却是这样的:

这是我的一幅画,上面的东西像一种叫Loch Ness的水怪(尼斯水怪)。我使用了八个绿色的小椭圆形,一个绿色的大椭圆形,一个棕色的小月牙形,四个绿色的大长方形,两个绿色的小长方形,三个黑色的小圆形,一个金字塔形,一个桃形,两个小的黑色的月牙形和两个小的黑色的方形来画这幅画。

这篇文字看上去也很简单,可是里面却蕴涵了许多几何学的内容。从这里,一方面,我看得出,他们正在学习几何形状,另一方面,他们还在学习用科学术语来准确地描述图形。这篇小小的文章是用法文写的,从语言上看,他们也同时学习了使用多个形容词时不同词语的放置次序。一篇很小的作文,真可以说是一举多得。

● 尝试用科学术语来描述这张图

25 制作机器人，学习立体几何

非非他们班，六月份有一个手工课，课题是每个孩子自己动手制作一个机器人。这也是为了配合他们数学课上学习几何而进行的活动。老师提早就给家长们发了通知，请家长协助学生收集一些制作机器人所需要的材料。这些材料都不需要专门花钱购买，而是采用日常生活中的一些本来要当作废物扔掉的东西。比如说，老师告诉孩子和家长，准备一个装麦片的大纸盒，再把纸盒用锡纸包起来，这就可以是机器人的身子了。机器人的头，也可以用类似的材料来制作，就是找个小纸盒并把它包上锡纸。胳膊和腿，就用大卷包装的纸那里面的硬纸筒。有了这些基本部件，然后就由孩子们各自去发挥自己的想象力了，把各种奇形怪状的东西粘上去，表示鼻子或者眼睛。最后，孩子们要告诉大家，他们制作的机器人，各个部位的立体形状的几何名称。比如说，胳膊就是圆柱体，身子当然就是长方体了。

一个星期之后，大家的机器人都制作好了。全班的同学，都把这些手工艺品拿到楼道里展览，供全校同学和家长观赏。孩子们一人一个主意，一个个机器人奇形怪状，在学校的走廊里闪闪发亮，吸引了许多的围观者。通过孩子们亲自动手，几何学习成了一项很有趣的艺术创作。在这个过程中，孩子们既学到了几何知识，又发挥了自己的艺术创造力。

26 旧货买卖：运用数学解决实际生活问题

六月底，就是一学年将要结束的时候，非非他们班要搞一次旧货买卖和寻宝游戏。在这之前，孩子们每人要带一个包装好的"宝物"和五件家里不用了的旧物品到学校来。这些旧货，包括玩具、书等，也有小包装的饼干等。每个孩子还要带大约两元钱，最好是那些一分、五分、十分和二十五分的零钱。老师这么做的意图可多了。一是通过商品交换让孩子们知道使用钱币来买东西；二是借机让孩子们实地练习加减法；三来让孩子们学习怎样讨价还价，尽可能多地买到别人的商品，卖出自己的商品；四就是练习法语了，因为他们是法文班，这一切买卖都要求用法语来进行。此外，不用说，孩子们在智力和社交方面也能得到锻炼。

孩子们都非常期盼这一活动，迫不及待地要进入这个模拟自由市场，得到自己想要的东西。提前一天，孩子们就把要买卖的旧物带到了学校。非非带了两只一尺长的大铅笔、两辆玩具小汽车和一块很大的巧克力。第二天旧货买卖是如何进行的，家长们自可以想象。放学之后，非非告诉我，他卖掉了他带去的所有物品，标价是：汽车一辆40分，铅笔一支10分，巧克力一块钱。我觉得他的标价并不公平，我并没有觉得小汽车的价值高于铅笔，而那块巧克力也不比外面店里便宜，很可能在一元店里就可以以他的这个价格买到。不过，这是孩子眼中这些物品的价值，况且都成功地卖了出去，所以我并没有表示任何意见。我很赞赏老师给他们机会动脑子，用自己的价值观来确定价格。至于"买"的方面，非非是怎么做的呢？原来，在这天进行买卖的前一天，他已经看中了一个小朋友所带来的旧玩具，当时就花了一元钱把那个玩具买了下来。今天又花了50分买了一张电子游戏碟。他并没有花完所有的零钱,还还了50分给我。这是他有生以来第一次自己真正进入贸易市场。我问他旧货买卖有意思吗,他回答说:"Fun(好玩)!"

至于孩子们带来的那一件包好的"宝物",却不是用来买卖的。同学们相处一年,马上就要放假了,大家要互相赠送纪念品。这件"宝物"就是可贵的纪念品。非非把他精心包装好的一块大贝壳,赠给了好朋友杰顿;而杰顿则送给了非非一块小矿石——那段时间非非正在到处搜集各种不同的矿石。

27 学习天文，发挥想象力

栓柱三年级时的科学课程，有一阶段是学习有关太阳系的知识。在让孩子们认识宇宙的同时，老师特意为孩子们创作了一个科幻世界，要他们通过种种活动来假设完成一次宇宙旅行探险。在这个过程中，孩子们要扮演不同的角色，有的担任宇航设计师，有的做广告设计员，有的是宇航员，还有的担当宇宙探险家。此外，老师还组织了两项活动，值得特别记一记。这两项活动，一个是让每个孩子自行设计并模拟制作一个宇宙飞行指挥控制盘，另一个是带领孩子们去参观维多利亚天文台。

宇宙飞行指挥控制盘的设计要求并不复杂，只是需要在手提电脑显示屏大小的一块硬纸板上，利用旧开关、扣子、小管子等等材料，发挥自己的想象力，做成一个模拟的控制盘，然后再在每个零件上标上它们的功能，例如：火箭发射器、氧气控制系统、温度调节开关、卫星控制开关、太空人语言辨认器、交流中心、加热系统等。这个项目是由家长指导自己的孩子一起做的。对我们来说，这是个难度较高的课题。我们都不是学工科的人，动手能力本来就差，况且小时候也从未受过这方面的训练。可是，这是孩子的功课，再难也得做呀！我们在家里翻箱倒柜，找到几样可以废物利用的东西，七拼八凑地和栓柱一起对付出了一个控制盘，总算可以交差了。过了几天，当孩子们放学时，我去接他们，特意到栓柱的教室里，看了看其他孩子做的控制盘是什么样子的。真是不看不知道，一看让自己很不好意思。只见每个孩子的桌子上都放着一个他们自己的设计品，像模像样，很有创意。有的做得很有立体感，用硬纸壳做成各种立体形状，不同部位涂上不同的颜色；有的还安装了小小的机关，可以模拟发射；还有的用塑胶管子弄成五彩缤纷的线路，真是五花八门，创意纷呈。我不由得感叹自己小时候所受的教育的缺憾，感到现在作为家长其实常常是在和孩子一起学习，多多少少能弥补自己的不足。

去天文馆的日子，安排在这个单元临近结束之前。为了准备这次旅行，老师事先征求了家长的意见，看看届时谁能来当义务的司机。到了那天，上课铃声一响，这些准备当司机的家长也都站在了教室门前。这次的参观有门票费，总支出八十五点六加元。孩子们不用自己掏钱，费用是由他们班在圣诞节前的义卖活动中所筹得的班级活动基金来支付的。老师把学生分了组，安排给每位司机。九点钟的时候，浩浩荡荡的车队就出发了。九点半钟，车子都准时到达了天文馆。在这里，孩子们今天要参加两项活动，一项是学习看星象，另一项是参观天文望远镜。学看星象的活动在一个迷你的圆形拱顶天文台式的屋子里举办，通过幻灯片，由馆员向孩子们介绍星座和太阳系。在介绍过程中，这个讲解员并不是自己唱独角戏，而是不断地与孩子们对话，不断地向他们提问。栓柱因为特别喜爱动物，所以对那些很多都是由动物命名的星座非常有兴趣。随着解说员的讲解和提问，栓柱不断抖落出他所熟悉的星座的名称和与之相关的神话，以至于讲解员都大为赞叹他的知识渊博。回来后，他还在日记中重复了这些内容，老师在评语中夸奖他写出了非常多的细节。

接着，他们来到一座专门的建筑内，观看安装在这里的巨大的天文望远镜。维多利亚天文台在加拿大的地位很高，有着全加第二大的电子天文望远镜。那座圆拱顶的建筑，整个上半部的半圆形部分都是可以转动的，其实就是天文望远镜的镜头。这个天文台，名字很大气，叫做"宇宙中心"（Centre of the Universe），是全球科学家们观星的一个重要工作站。历史上许多重要的天文观测活动就是通过这架巨大的望远镜完成的。与它相配套的，是一系列具有先进技术水准的机器和设施，那座庞大的望远镜所能观测到的星象能直接从电脑屏幕上显现出来。

  一个小小的天文课程，居然让孩子们在书本之外有这么多的活动可做，当然对孩子们来说，学习就像是在玩，所以也好玩。这也应了加拿大人最爱对孩子们说的话：Have fun!

五 浅显而实用的科学教育

28 让孩子们各显神通的科学小实验

学习自然科学，离不开科学实验活动。非非在三年级的这一年给同学们做了好几个科学小实验。有一个小实验，是关于苏打和醋的。头天晚上，他就叮嘱我一定要为他准备好相关的原料，免得第二天忘了带这些重要的物品。通过这个实验，他要给同学们展示苏打和醋放到一起时会产生的酸碱混合的化学反应。放学后，他告诉我，当苏打粉溶到醋里之后，出现了一股小云雾，随后又起了许多小泡泡，小泡泡还争先恐后往外跑，班上的孩子们都惊喜地大叫起来。然后，老师让非非给同学们解释这种现象的原理：碱性的小苏打和酸性的醋混合之后，就会产生气体，如同烧开的水在沸腾时会不断有气往上跑。

另一次，他从家里拿了个生鸡蛋到学校里去，而他的好朋友杰登则约好带了个熟鸡蛋。老师让他们转转看，看哪个鸡蛋转得快。非非说，他看到熟鸡蛋比生鸡蛋转得快。我问他知道为什么吗，他回答说："当然，因为生鸡蛋里的液体会流动，所以使得旋转的速度受到阻碍。"

这些小实验，是他们这个学期科学课的一部分作业，每个小朋友都要选择几个可以自己亲手做的实验，在班上演示给同学们看。学期刚开始的时候，老师就给家长发了通知，排好了每个孩子做实验的时间表。从得到通知的那天，非非早早就想好了实验的题目。

孩子们从这样的小实验中着实获益良多。这个学期结束后的假期里，我们带孩子们去西雅图玩的时候，照例参观了那里的水族馆。这个馆里有一个科学实验区。在那里，一位馆员，是个大小伙子，把非非从一群孩子里叫出来，让他在一张小纸条上写上自己的姓名，并把这张纸条放入一个空杯子里。然后，这个小伙子指着非非面前放着的一大缸水，问非非："如果我把这个杯子倒扣在水中，杯中的纸条会不会湿呢？"非非毫不犹豫地回答："不会。""真的吗？"小伙子又追问了一句。"真的！"非非的回答仍然很坚定。于是，小伙子把杯子倒扣入水中，又取出来，果然杯中的纸还是干的。小伙子用不信任的眼光瞧着非非，让他讲出道理。非非很自信地说："那是因为空气的压力，把纸条顶了上去。"周围一群十来岁的孩子们看得出神，听到非非的回答后都不由得鼓起掌来。事后我问非非，从哪里得到这个知识的，他神秘地告诉我，他们班的一个小朋友，在科学课上做过同样的实验，因此他就牢牢记住了这个现象和这个原理。

这小小的实验作业，又好玩又深刻，让孩子们既动了手，又长了知识，真是胜读十年书！

29 别开生面的营养学教育

有个星期五,非非他们班举行了一个特别的品尝会,每个孩子都带一份水果到学校里去。吃午饭的时间到了,孩子们没有像往常一样吃自己带的食物,而是一起品尝"健康食品"。老师准备了一些面包、奶酪、火腿肠和生菜,让孩子们在每两片面包中放一块火腿肠、一块奶酪和一片生菜叶,于是孩子们就等于自己动手做成了一份三明治。然后,老师又让孩子们把每个孩子带来的水果都洗干净,切成能够一口吃进嘴里的小块,全部混和在一起,做成一份很大的水果沙拉,给大家做饭后的甜食。

这其实是一次别开生面的营养学教育课。从这些食品开始,老师给大家讲解了四组每天都要吃的有营养的食品:果蔬、粮食、奶制品和肉食品。老师还告诉孩子们,每一组食品都有哪些营养成分,吃了会对身体的哪一部分有重要作用等等。同时,老师还告诉孩子们,什么是不健康的食品,哪些东西吃多了会有什么不好的作用。最后,每个孩子得到一张食品健康宣传画。老师特意嘱咐他们,回家以后要让家长把这张画贴在厨房里。

整个小学期间,每年学校都一定有一次营养知识的教育,并送给他们一张食品宣传画。孩子们很认真,吃饭时常常比照图画说出他们吃的是属于哪一组的食品,含有哪些营养成分。大概这就是潜移默化。我们栓柱,小小年纪就在吃上很讲究,讲究的是健康。他爱吃鱼和白肉,不爱吃红肉,爱喝牛奶、吃奶酪,爱吃青脆的绿叶菜和苹果、梨,绝不吃糖,从不喝可口可乐,也不吃汉堡包、不吃大肥肉,而且每天自己主动按时吃一粒内含多种维生素的营养片。我们常常笑他从小就知道养生。这或许有一部分是出于孩子的天性，不过我相信学校的营养学教育对他的行为也起到了很大的影响。其实，栓柱五六岁的时候，也一度爱喝可口可乐。自从来加拿大后在学校里上了营养学的课，知道可口可乐不利于健康，从此就忌口了。我们问他，为什么那么认真地每天定时吃营养片，他回答说：因为维生素对身体非常重要。他以前不吃三文鱼，可是，自从在学校里学到了有关这种鱼的营养成分的指示之后，不仅吃了，而且成了他最喜爱的食品之一。好多次，他吃鱼的时候，举起一大块向我们展示说："这里面有好多的蛋白质。"看他那严肃认真的样子，我们忍俊不禁。

五 浅显而实用的科学教育

30 在养殖三文鱼中学习生物学

维多利亚是盛产三文鱼的地方。每年深秋季节，十月底十一月初，数以百万计的三文鱼，从海里洄游到它们出生的河流来产卵。在两岸红叶纷纷的背景下，看清澈见底的河水里，那成千上万条一两尺长的大鱼逆流而上奋力击水，的确蔚为壮观。这也是每年秋天本地一景。产卵之后，雌雄三文鱼双双结束了生命周期。想到其中蕴含的伟大母性，不由人不肃然起敬。没有人来抓这些鱼，因为那会破坏自然生态。所以，到了十一月中下旬，满河都是死鱼，在腐烂中逐渐脱去了深灰色的鳞皮，露出被水浸泡成白色的鱼肉，浓烈的腥味在河边弥漫。整个冬天，这几十万吨的死鱼，就是海鸟、老鹰和黑熊等动物们的美味佳肴。这样的自然生物链，在加拿大这块承载着人类文明的一部分、但又近似处女地的土地上，仍然四处可见。

每年从这个季节开始，迪克森女士，也就是非非一年级时的老师，就会开始她的三文鱼养殖教育项目。她在教室里安装了一个大鱼缸，把一些鱼籽放入鱼缸里，鱼缸的水温保持与室外河流水温相同。鱼缸里安装了一个水下摄像镜头，将鱼缸里的动态，通过闭路电视的大屏幕，传到教学楼的走廊里，供全校师生观看。几个星期以后，新的生命在鱼卵中露出头角；再过一些日子，小鱼苗就从卵里面一个一个地挣脱出来，跑到水中。

迪克森女士的养殖吸引了学校里所有的孩子。许多孩子放学后都特意绕道从电视屏幕前经过，看看这些小鱼有了什么新的动静。我的两个孩子，在这段时间里，只要稍有空闲，就会跑去看看三文鱼的情况。在小鱼发育的每一个阶段，老

● 深秋，无数的三文鱼从海里洄游到小河来产卵

师都会详细地向孩子们讲解，用科学术语告诉他们这个阶段的小鱼是处于什么状况。大约到了三月份，小鱼长到寸把长的时候，迪克森女士就会组织一次郊游活动，带领孩子们到河边把小鱼放生，让小鱼与河里的鱼群会合。到四五月份，小鱼群就会离开淡水河流，进入浩瀚的大海开始它们的成年生活。

二〇〇五年的三月，我们就是和迪克森女士一起来放鱼的。记得那时的天气仍然寒冷。我们几位家长一大早就来到教室，迪克森女士让我们帮助把小鱼从鱼缸里捞出来，放到几个备好了水的水桶里。鱼缸的水冰凉，我们带着厚厚的胶皮手套，用一个大碗，把小鱼一群群地舀到不同的桶里。孩子们可是看着它们出生和成长的啊！要和这些相处了好几个月的鱼宝宝告别了，他们恋恋不舍地和鱼及鱼缸照了集体合影。然后，家长们开着七八辆车，浩浩荡荡地来到了金溪河畔。

这个小河是本地的观鱼胜地。秋天里所产的三文鱼卵，现在已经变成成群的小鱼了。老师发给每个孩子一个塑料小碗，让他们把鱼从桶里捞出来，数一数有多少条，再把碗慢慢地浸入河水，让小鱼儿适应几分钟这里的水温和水性之后，再缓缓地把它们全部放入河中。孩子们一个一个地都认真照办。最后，老师要每个孩子报告他放入河中的鱼的数目，再让大家把所有的数目加起来，今年一共是187条。迪克森女士告诉我，最多的一年，他们放入河内两百多条鱼，今年不算最多。老师还给孩子们请来了当地自然公园的保育员，给大家讲解河流、树木、鱼类等的知识。每一年，老师还会告诉同学们许多相关的自然环境知识。就在大自然母亲的怀抱中，孩子们不仅呼吸了新鲜的空气，学习了有关三文鱼繁殖、成长的生物学知识，**更重要的是，他们也在上一堂现场的环保教育课，在亲身观察和领悟生命的意义。**

31 节水教育与海盗娱乐会

加拿大是一个环境保护得很好的国度；越是这样，大家对环境保护就越是敏感、在意、努力。小学里的科学教育，也常常包括了这方面的内容。比如说，加拿大绝不是一个缺水的国家，仅安大略省一省的可饮用水的拥有量，就占整个世界可饮用水的储存总量的三分之二。可在这个国度，对节约用水的在乎，那种保护水资源的危机感，可以让不知情的人以为，加拿大的水马上就要用光了。

节水教育也要从孩子开始。栓柱三年级的科学课，最后一个阶段就是节水教育。在课堂上，老师和孩子们一起讨论了水的成分、水的用途、水对人类的重要性、为什么要节水等诸多问题。**重要的是，老师并没有把关于水的科学教育和节水教育仅仅局限在课堂教学上，而是通过多种方式把它融贯到孩子们的日常生活之中。**配合教学，学校还专门请了政府水务部门的工作人员，来到学校对孩子们进行节水教育。一封学校给家长的信告诉我们：

今天你的孩子针对家庭用水量完成了一个数学课题。那份发给孩子们的"浪费水的代价"的小册子，可以帮助你的孩子更多地知道家庭用水的情况，同时也可以让全家人认识到如何节约用水。此外，发给孩子的淋浴用水测量袋和抽水马桶用的块状物品，可以帮助你们检测用水量。

那个测量袋的使用说明，就印在塑料袋子上面。按照指引，我和孩子们一起测试了浴室淋浴的流水速度：首先准备一个带秒针的钟表放在浴室里；然后把这个塑料袋套在淋浴的龙头上,轻轻抓住塑料袋,不必抓得太紧,以免在水流进来的时候空气无法流出;迅速将冷水打到最大。这样,让水流出整整五秒钟,关水后,察看流出的水到达了袋子上的哪一条线,横线上的数字表明每分钟的流水量(一分钟多少公升或多少加仑)。然后,将水倒掉,重复以上动作,最后将两次的测量结果加以平均。如果得出的结果,是每分钟低于11.4公升(22.5加仑),说明流速合适。我们测试的结果是流水量合适。

学校发来的那块蓝色固体物,是可以被水溶化的,要我们用来测试抽水马桶是不是漏水。我们将它放在抽水箱内,十五到三十分钟内不能冲厕。观察的结果是,马桶里的水没有出现任何颜色,这说明水箱没有漏水现象。如果有蓝色的水流出现,那就是漏水了。小册子还告诉我们,如果平日想测试抽水马桶的情况,也可以使用食品色素,以同样的方法来测试。

我和孩子们一起认真地阅读了《浪费水的代价》的小册子。我们都从中获得了许多信息。比如,小册子告诉大家,浪费水的主要原因有两个:一个是漏水,一个是过度浇灌草地和花园。首先,就厕所漏水而言,如果一个厕所每小时漏水20~40公升,它每年就会浪费掉高达17.5万~35万公升的水。这些水的水费,也将高达355加元,会是不小的经济损失。这份指引不仅告诉我们如何发现漏水情况,而且还介绍了新的节水型的冲厕设备。还有淋浴头漏水,也不能小看。一个淋浴头,一滴一滴地漏水,一年累计可以流失3.5万公升的水,而这些水的费用为35加元。这些水,可以充装抽水马桶184次。最后,指引中特别强调,花园的自动喷水浇灌系统用水量很大,所以呼吁大家不要过度使用,每一个喷水头应当在规定的一周两次的时间内最多喷灌十分钟。

最让我意想不到的是,在这段有关节水的课程将要结束的时候,老师为孩子们举办了一个以海盗为主题的娱乐会。海盗是在水上生活的;海盗身上有很酷的一面，他们的生活充满了冒险，那正是孩子们所喜欢的。那一天，孩子们个个都很兴奋。这是一个着装娱乐会，孩子们根据自己的想象和爱好，穿上白色的或黑色的海盗服，拿上刀枪之类的玩具作道具。有的人头裹黑布，有的人把一只眼睛遮上，扮成独眼龙，还有的孩子头顶大大的船长帽，帽子用盛麦片的纸盒包上黑色的纸做成。孩子们在一起打打闹闹了一个多小时，煞是快乐。这个严肃的水的教育课题，最后以这种娱乐的形式结束，给孩子们留下了深刻且美好的回忆。难怪有人评论说，加拿大的孩子们在小学里就是玩。

32 强记与规范化也很有必要

在学习科学的时候，强记一些知识是必不可少的。记得四、五年级的时候，在孩子们的科学课程中，认识人体是一项重要的内容。栓柱和非非在学习这项内容时，不仅要记住人体内的各个器官，还要记住骨骼、神经、肌肉、细胞、血液等的各项功能，甚至连人身上的每块肌肉和每块主要骨头的名称都背了个滚瓜烂熟，颇有点医科预科生的味道呢。在表达方式上，老师也注重规范化。栓柱的老师在给孩子们布置作业时的规定明确而详尽，力主令孩子们达到规范化。比如老师在让孩子们制作一个以人体为主题的首页封面时，是这样规定的：

1. 必须在首页上工整地写上题目：人体；
2. 必须把你的名字写在首页的右下方；
3. 必须在首页上画三张有关人体的小图画；
4. 首页必须涂上颜色；
5. 首页必须干净、整齐。

栓柱按照要求逐一地做到了。孩子们在明确的指引下，经过多次练习，就知道怎样是规范化的形式了。

● "认识人体"——栓柱的作业封面

33 自己动手做项目

自己动手，自己学习，是孩子们在学校学习最常用的方法。老师在开始时适当地引导一下孩子们，然后就给他们出题目，让孩子们自己去找资料，自己研究和学习，然后把成果拿来向同学们展示和介绍。

五年级时，非非做了一个关于动物的项目。老师让孩子们任意选择一种自己喜欢的动物，然后去寻找如下一些资料：这是哪一类的动物，是哪一家族的动物，它的学名和俗名都有哪些，它们分布在世界的哪些地方，它们的居住环境是怎样的，它们如何繁殖，它们的特征是什么，它们有哪些习惯，它们的食物是什么，它们的敌人是什么，它们所面临的危险是什么。找到的文字资料，要用自己的语言整理，不可以照抄。

非非选择了一种个头很小的猫头鹰作为研究对象。每天回到家，他都兴致勃勃地在网上查找各种资料，翻阅他的藏书，到图书馆借书，然后，把查找到的相关内容，按照老师的提示，一段一段地用法文写出来，再去找相应的图片来配合，把它们贴在一个三开的硬纸板上以便展览之用。他还请他的课外艺术老师作指导，自己用泥巴做了一个猫头鹰的塑像。几周后，同学们都完成了自己的项目。于是，老师让每位同学把自己的研究结果向大家介绍。孩子们互相之间的交流，往往比老师的单纯授课更具影响。最后，老师还把这些成果作为展品摆放在教室外，供全校学生、老师和家长观赏。

孩子们没有被灌输，没有去背书；他们不仅学到了知识，而且学会了如何获得这些知识。老师并没有把知识宝库里的珍藏直接交给他们，而是把打开这个宝

五　浅显而实用的科学教育

库的钥匙交给了他们,让孩子们学会自己去寻宝。毫无疑问,在知识领域里的这种主动性十足的遨游,比单纯被动地接受知识,要更有趣、更神秘,当然也更富有挑战性。孩子们其实喜欢接受挑战。**知识世界是无边际的,学会如何探索这个世界要比学习知识本身更加重要。**

第六章

社会科学与教孩子做人

加拿大的小学教育中，还有一部分重要的内容，那就是社会科学教育。我们通常以为，社会科学要学的，就是我们在中国的小学里所学的地理、历史之类的知识。可是，我从孩子们每周带回来的学习信息中发现，这方面的课程内容，远远超出我的想象。在这里，孩子们不仅学习社会科学方面的一些基本知识，而且还学习如何做人。特别是学习如何处理社会中的人际关系，学习处理日常生活中的突发事件，这在小学的低年级阶段尤其重要。

六 社会科学与教孩子做人

34 通过介绍自我分享知识

整个小学阶段，介绍自我是一个重复的课题，每年都要进行一次。只是，不同的老师，在安排和做法上各有不同。栓柱三年级的时候，托马斯老师采用了指定学生代表的方式，每周由两个学生做轮值班长。在这一周里，这两位同学有权力为班级活动选择各种游戏，并要带领大家做各种活动。最重要的是，这两位同学要同大家分享他们的生活和成长经验。整个一周当中，这两位同学每天都要分别给全班演讲，都是围绕介绍他们自己而展开的，让同学们了解他们是怎样一个人。第一天的主题是讲家史：他们是在哪里出生的，在哪里生活过，他们的祖先是哪里的人，讲哪一种语言，文化背景是什么等等。第二天，则要通过展示他们小时候的一些物品，来讲述自己的成长过程、自己的才能及爱好。第三天要讨论他们对于未来的规划，包括将来想做什么职业，而如果做这个职业他们认为自己需要哪些知识和训练，需要接受什么样的教育。托马斯老师认为，八九岁的孩子应该开始考虑这种问题了。两个月之前，老师就已经发来了通知，排好了时间表，并希望家长帮助孩子准备一些实物和探讨相关的问题。

为了准备这些讲演，爸爸帮栓柱画了两张图。第一张是地图，显示了中国内地、中国香港地区和加拿大的地理位置，以便帮助栓柱形象地表达他的经历和家史：他出生在香港，父母来自中国内地，我们全家是从香港迁移到加拿大的。第二张图，则是一颗"家族树"，告诉大家他和弟弟的父母叫什么名字，爸爸的父母是谁，妈妈的父母又是谁。我们还帮他准备了几样东西：一双他婴儿时穿过的鞋子，一件两岁时穿的小绒衣，一本他在香港上学时得的奖状收集册，和一个记录他从小到大的成长历程的精选相册。他自己还挑选了一个他最喜欢的毛绒公仔——天使猫。按照老师的要求，我们和栓柱讨论了他将来希望做的职业，当时他说他想当机器人设计师。为此，我们讨论到，他需要学习物理、机械、生物、数学、语言等课程。我们问他最想去哪所大学学习，他毫不犹豫地回答：当然是维多利亚大学。那是他爸爸目前任教的学校。

那个星期一早晨，我陪栓柱进入教室，帮他把图贴在墙上，把实物摆在老师指定的一个展示桌上。爸爸鼓励他讲话时要自信，声音要洪亮。这个星期结束时，栓柱收到了老师特地给孩子发的一份证书，表彰他很好地完成了这一课业。

非非二年级的老师朱赛特女士，则把这个活动称作"每周之星"。每一周，由一个孩子唱主角，也是介绍自己的家庭、自己的爱好等等，但还多了一项内容，就是向小朋友们介绍自己的某项收藏品。三年级的时候，这个活动是用英文进行的；到了四年级，老师把这个活动作为社会科学学习的第一阶段，让孩子们用法语介绍他们喜欢什么，不喜欢什么。这正对上非非的强项，因为他是一个知识和兴趣都很广泛的孩子，可讲的东西很多，上至天文，下至地理，样样都喜欢。他又博闻强记，对从古至今的植物、动物，都能如数家珍。二年级时，他向同学们展示了他的矿石收藏；三年级的时候又展示了他历次旅行中所拍下的各类古生物图片。那些拗口的古生物的名称他倒背如流，让同学们和老师惊讶不已。到了四年级，他的兴趣又转移到了海洋生物上面。他以鲨鱼为主题，介绍了各种各样的鲨鱼和它们的特点，并讲述了他对鲨鱼的钟爱。同学们对他所讲的知识提出了许多好奇乃至古怪的问题，非非都一一作答。那么，他不喜欢什么呢？那个答案让我们觉得有些不可理解：他告诉伙伴们，他最讨厌、最怕的，是苍蝇。

在介绍自我中了解自我，又了解别人，还能了解不同的文化，可以在与他人分享知识之中从他人那里获得更加广泛的知识，又能从自己熟悉的事物开始锻炼表达能力。这项活动，可以说集多种意义和功能于一体，是一种非常好的训练。

随着孩子们年龄的增长,他们的视野也在不断扩展,每年的内容都有所不同。况且,每位老师也都有不同的要求,再加上每年每班都有不同的同学,这项活动从来没有让孩子们觉得无聊过。不知不觉中,他们的演讲能力,随着年复一年的训练,也大大地提高了。

35 知道自己的权利和义务

从小学二、三年级起，老师开始让孩子们分辨什么是权利，什么是义务。非非的老师发给孩子们一张空白纸，这张空白纸被对折成两部分，左边一部分写着权利，右边一部分写着义务。然后，老师给了孩子们十四个题目，让他们辨别哪些是权利，哪些是义务，然后把这些题目分别贴在权利或义务栏之中。

权利的部分，有这样一些内容：

— 有自己的名字和国家；
— 有朋友；
— 玩乐；
— 有住所、吃得饱、穿得暖；
— 过和平的生活；
— 有干净的水和空气；
— 接受教育。

而义务部分的内容则包括：

— 保护环境；
— 倾听父母、教师和发言的人说话；
— 尊重自己，也尊重他人；
— 认真做家务；
— 遵守安全规则；
— 按时回家；

六 社会科学与教孩子做人

一 学习解决问题的方法。

社会是由一个一个自我组成的,然后就扩展到了家庭。为了配合这项教育,老师给孩子们的周记出了一个特殊的题目:家长要和孩子们一起讨论家庭责任,每一个孩子都要在周记中记录每一位家庭成员的两项家庭责任。如果家中的宠物也有其职责,也可以记录下来。老师这样做的目的,主要是从社会科学学习的角度来与孩子们一起探讨家庭责任,并不仅仅在于法语的练习。考虑到不少家长不一定懂法语,为了不使这样的家庭讨论出现困难,所以,这一次老师特意强调:如果法语表达有困难,使用英语也可以。

那个周末,我们全家在饭桌上,一边吃饭,一边和非非探讨这个问题。一个七岁的孩子,对家庭生活已经有了认知能力,但要上升为理论,归纳总结出一些东西,当然还是有困难的。我们引导他,让他先把家里要做的事一条一条摆出来,再看看平时都是谁在做什么,哪些事谁来做比较合适。结果,非非在他的周记中做了这样的记录:

1. 我爸爸的责任是打扫院子和管理花园;
2. 我妈妈的责任是做饭和照顾孩子;
3. 我的责任是喂养乌龟和保持自己卧室整洁;
4. 我哥哥的责任是收拾图书和玩具,帮助妈妈准备碗筷。

我们于是顺水推舟,要求孩子们就要这样在家中尽职尽责。**相对于谈论一些宏伟远大的目标和高耸入云的理想,这种教育注重让孩子切切实实做好身边的事,首先对自己的家人负起自己应尽的日常责任。** 在我看来,这样从家庭小事做起,来培养孩子的社会责任感,更加切实可行。

36 什么是"贡献"？

在学习了权利与义务之后，孩子们又开始学习什么叫作"贡献"。像这样抽象的题目，老师从来都不会让孩子们只听听大道理，或者是听什么英雄人物的事迹，而是拿日常生活中的小事和孩子们讨论，再把这些实例写成文字，让孩子们动手动笔，剪贴分类，写出为什么。我看到非非有这样一张作业纸，老师在纸的上方用黑体字写了一个问题：这是不是"贡献"？然后在另一张纸上写了一些具体的例子，让孩子们把每个例子剪下来。如果这属于做贡献的例子，就贴在左边的空格内；如果不属于做贡献的内容，就贴在右边的空格内。然后，还要就每一个例子说明为什么是这样认为的。

非非把以下几个例子放到"是做贡献"这一栏内，因为他认为这些事都是在帮助别人。

第一个例子是：七年级的学生为了让家长们在学校的游乐会上游玩，免费帮助照看低年级的孩子。

第二个例子是：我们班的同学在开学的第一个星期照顾新生，让他们感到安全和自在。

第三个例子：这个城市所有的人都捐钱来建一个体育场。

第四个例子：人们捐钱、衣服和食物给勒布朗家，因为他们在一场火灾中丧失了所有的东西。

另一类事，非非把它们放入了"不属于做贡献"这一栏之中：

星期六下午我们全家去看棒球赛。

为了买一个新玩具,我存了好几个星期的钱。

所有来到花园的人都喜欢看玫瑰花。

当我做作业和看书时,我特爱看电视。

非非认为,这些都属于自我娱乐,因此不是贡献。

这些生活实例听起来似乎简简单单,但对七八岁的孩子们来说,辨别助人为乐和自我娱乐并非一目了然。孩子们不是哲学家,要建立起这样的观念也是要从生活的细处开始的。

37 学习如何面对来自同伴的压力

我们这个城市分为两个学区，每个学区都有几位儿童心理顾问。他们定期到各个学校各个班观察学生，以便及时发现孩子们发育成长中的各种问题，帮助老师和家长解决这些问题。他们每年还为学校开一个有关的课程。二〇〇六年春季学期一开始，我们所在的六十一学区的心理学顾问文迪·文布什女士给所有家长发了封信，告诉我们她最近要给二年级和三年级的学生开一门社会行为教育的课程，目的是提高学生们对自我价值、潜力和自主意识的认识，增强他们抵抗伙伴之间的压力和果断采取行动的能力。

她选择了一本教科书，题目叫作"栅栏上的洞"。这是一本故事书，她准备通过讲述书里的故事和小朋友们一起讨论问题。她还建议家长到书店订购这本书，这样家长可以在家里同孩子们做更多的讨论。

在信的末尾，她附上了一个长长的题目单，列出了那些她在课程中将要和小朋友们讨论的内容。这些题目涵盖的内容很广，我这里试着把它们翻译出来：

— 什么是好朋友，什么是一般的朋友？
— 什么是信任？
— 什么情况下要保守秘密？什么情况下不能保守秘密？
— 什么是欺骗和撒谎？其后果是什么？
— 什么叫畏惧感？
— 什么叫英雄？
— 什么情况是讥笑？什么情况是开玩笑？

— 如何接受自己？
— 什么是嫉妒？
— 如何看待不同的家庭？
— 生活不总是公平的。
— 成人也会犯错误。
— 尊重他人的感受。
— 如何面对自己的感情被伤害？
— 如何交朋友和保持友谊？
— 放弃问题并不能解决问题。
— 接受身体上的差异。
— 如何处理不舒服的感觉（如被排除在外、失望……）？
— 什么是偏见和歧视？
— 如何为权利辩护？
— 如何对待正面或负面的群体压力？
— 如何面对被别人欺负？
— 化解不满情绪的不同方式是什么？
— 共同欣赏多元文化。
— 选举的程序。
— 什么是正确和不正确的体育精神？
— 接受并为自己的选择负责。
— 感情表达的重要性。
— 对问题做出反应和解决的不同方式。

很明显，这些问题是每一个孩子在成长过程中都会经常遇到的。但是，其中很多问题却是日常生活中很容易被家长甚至老师们所忽略的。七八岁的孩子，正开始学习和别人交往，并开始交友，要进入这样一个与伙伴们关系日益紧密的时期，对此，他们也会有很多的困惑乃至挫折。在这个恰当的时机，把这些问题提出来，让孩子们正视，再和孩子们一起讨论应对的方法，给他们正确的指引，这对孩子们的成长无疑是非常有益处的。

六 社会科学与教孩子做人

38 防止孩子吸毒

文布什女士所说的那本书，我很感兴趣，马上就订购了。原来，这是一套关于社会行为教育的小学教科书。经过多年研究的积累、提高和测试，这套书已经成为整个加拿大小学通用的一套教材。

这套书共有两本。第一本是故事集。作者把菜园中的蔬菜拟人化，作为故事的主人公，讲述了十八个有趣的小故事。通过这些故事，作者试图帮助孩子们提高对于自我价值判断的能力和人际交往的能力，也增进伙伴们之间的相互理解，进而提升孩子们的责任感和完善在社会中的处世行为。这对将来孩子们进入中学之后，面对伙伴的压力，拒绝吸毒等坏行为等，奠定了良好的教育基础。书中生动有趣的人物形象，非常适合六到九岁的孩子们的口味。

第二本书是家长和教师的指导用书。在这本书中，配合上一本书中的每一个故事，作者告诉家长和老师这个故事的意图是什么，应该围绕这个故事和孩子们讨论的题目是什么，还可以和孩子做些什么有趣的活动。另外，还附有孩子们可以自己做的练习题。

比如说，第一个故事叫作"园中的秘密"，情节很简单：一大清早，一位谁都不认识的蘑菇，要来园子里见蔬菜孩子们，他要告诉他们一个秘密。大家约定在栅栏上的洞那里聚会。蘑菇请大家一定不要把这件事告诉大人们。故事从而引出所有的人物：洋葱、豆子、豆角、南瓜、西红柿、黄瓜、土豆、胡萝卜、小萝卜、白菜、甜菜等。出场时，作者刻画了每位人物的性格，比如胡萝卜总是喜欢表现自己，土豆有些笨头笨脑，白菜平易近人又最受尊敬，甜菜非常腼腆等等。

围绕这个故事，作者向老师和家长们建议了两个讨论题：一个是通过让孩子们了解书中每个角色的性格，讨论他们之间谁有可能是谁的朋友，谁和谁不可能成为朋友，为什么；另一个则是关于保密的问题：孩子们可不可以有自己的秘密，什么样的秘密可以不告诉大人，什么情况下不告诉大人却是不对的。这个故事里，蘑菇对蔬菜孩子们来说是个陌生人；他告诉孩子们的秘密，是要让孩子们品尝一种麻醉剂。通过这个故事，孩子们受到的教育是：陌生人让你做古怪的事，这一定要告诉大人；像麻醉剂这样的毒品，是一定不能沾的。

为了进一步熟悉人物，作者还建议家长和小朋友们把书中的人物做成纸人，套在手指上来玩。作者还在书中提供了一幅画着这些人物的黑白画，孩子们可以把这些人物的名字一一写出来，并用画笔给黑白画涂上不同的颜色。

具体的课程在学校里是如何进行的，我不大清楚。几天之后，我看到栓柱拿回来一篇颇为有趣的作业。这篇作业是要求孩子们填写老师所给的下列句子：

题一：＿＿＿＿＿＿＿＿＿的时候我非常生气。

题二：当我悲伤的时候，我会＿＿＿＿＿＿。

题三：当别人嘲笑我的时候，我会＿＿＿＿＿＿＿＿。

题四：如果我是老师，我会＿＿＿＿＿＿＿＿。

题五：我不怕＿＿＿＿＿＿＿＿＿。

题六：我最大的优点是＿＿＿＿＿＿。

关于第二题，栓柱回答说："如果我感觉悲伤，我就到自己的房间去，做些其他的事。"这让我觉得他成熟了不少。对第三题，他回答说："当别人嘲笑我时，我试图不去听他的。"老师在这一题后面用红笔加了个批语：很好的战略！孩子们有时并不能完全理解老师出题的意图，有些答非所问。比如第四题，栓柱说："如果我是老师，我就要常给学生出数学考试题。"可是，老师丝毫也没有指

六 社会科学与教孩子做人

39 和孩子一起接受防火教育

　　防火教育是社会教育的一项重要内容，也是小学期间年年都有的一个课题。二〇〇五年十月九日到十五日，本地的消防队和我们孩子所在的学校共同举办了一次防火教育。孩子们要学习如何防火，使用蜡烛时的注意事项，懂得聆听防火铃声和在家中如何避免引发火灾。为此，消防队专门给每位孩子发了一个防火小册子，并请家长们花一点时间和孩子共同学习这个小册子。

　　消防队的指导非常具体。他们在给家长和学生的信中强调：发生火灾的地方，往往是全家人觉得最安全的地方；大火可以迅速燃烧到整个房屋，逃生的时间非常短暂，而人们能够迅速逃生的可能性来自于火警铃声和预先的准备，所以每个家庭都要准备一个火灾逃生的路线图。怎么做到这一切呢？消防队的小册子上有进一步的具体指引。

　　首先，关于火警警报器，他们的要求是：

— 家里每一位成员都应该熟悉火警警报器的铃声。

— 每一位成员都要知道警报器的铃声响起来之后要做什么。

— 火警警报器要安装在你的卧室附近，每一层楼都应安装一个。最有效的是在卧室里面也安装一个警报器。

— 警报器要按照说明书上的要求定期进行检测。警铃应当每个月测试一次。

— 定期更换警报器上的电池。

— 警报器要用吸尘器每六个月清洁一次。

— 警报器每十年应更换一次。

其次，他们要求每个家庭都要制订一个逃生计划：

— 每个房间要选定两个逃生口。

— 全家每年至少要有两次防火逃生演习。

— 找一个离家有一点距离的安全地带作为全家逃生后的会合点。

— 家中有一位成员要马上到邻居家或者用附近的公用电话拨打911报警。

在他们发给学生的小册子上，有宣传口号，也有具体指导和练习。而且，如果人们画出家庭逃生平面图，然后把它交回到消防队，还有抽奖的机会。奖品还不小呢，是一套家庭电脑系统！

这类安全保护措施看上去简单，实行起来并不容易。我就听说有这样一个笑话：有一个家庭，当他们做防火演习时，两个七八岁的孩子在听到火警铃响后，第一个反应就是冲到地下室去拿他们养的金鱼，父母无论怎样劝说，孩子们都不听。如果真有火灾，那孩子们的生命岂不危险？这也就更加表明这样的教育是多么的必要。

● 防火宣传手册

40 自行车周：环保教育

尽管大家的日常生活中都是靠汽车代步，但是，汽车消耗石油，排出的废气又污染环境，并不是理想的交通工具。所以，在这里的社会教育的内容之中，就有一项是骑自行车，目的是使孩子们从小就树立保护环境的意识，懂得要尽量减少汽车污染。维多利亚一年到头的气候都很温和，地势也比较平，在当地的旅游宣传资料中，适宜骑自行车也往往被列为一项本地优势。在学校里，从大学到小学，每年都安排一个自行车周。这通常都安排在六月的第一周，那时天气晴朗，温度在十几到二十摄氏度，不冷不热，风和日丽，正是骑自行车的好季节。在这之前，学校就发了一些材料，号召家长带领孩子在这一周里尽量骑车来上学。许多家长和孩子们都纷纷响应。早上上学的路上，只见孩子们骑着小自行车在前，家长则骑着大自行车随后，三三两两地汇集到学校。有的家庭，老大可以在家长的陪同下独立骑车了，可是老二还不行。这怎么解决呢？家长们有办法，他们像杂技演员一样，骑一种可以两人共骑的车，和孩子一前一后，家长在前掌舵，孩子在后面踩车玩耍，好不快活。这既是环保，又是娱乐，同时也是亲子活动和体育锻炼。

当然，为了搞这个活动，学校首先要对孩子们进行安全教育。孩子们人手一份宣传资料，一开始就告诉大家，骑自行车要戴安全帽，这是卑诗省的法律所规定的。安全帽可以在摔倒或发生其他事故时起到保护作用。然后，资料还告诉你，如何戴安全帽最安全。首先，要选择里面带有安全标签的帽子，这种帽子是经过安全检查认证的真正的安全帽。其次，要选择合适的帽子。不要过小，小了不舒服；但也不要过大，太大了容易脱落，起不到保护作用。第三，安全帽要正好扣在眉毛的上方，不能过高或过低，这可以保护前额。第四，安全帽要配有安全带，要把安全带扣在下颚的下面；而且，这个安全带要是Y形的，两侧正好扣在两耳边上；扣紧的程度为安全带与脸之间只能插入两个手指。

有的孩子还不会骑车，怎么办？没关系，可以学。到哪里学？学校发给小朋友们一份广告，告诉他们可以到哪里去学车。骑车也是一项很好的体育运动，这家教车的地方还安排有许多骑车的娱乐活动。通过这份材料，家长也掌握了更多的生活信息。

当然，这一切，都是自愿的。这只是一种鼓励，并没有任何强迫在里面。

六 社会科学与教孩子做人

41 街道上的安全

有一次，我们这个生活区的一所初中，有几个孩子在上学的路上遇到一位陌生人邀请孩子坐他的车，说愿意送他们到学校去。这几个孩子很警觉，拒绝了他的要求，马上离开这个人，并且到学校后立即向校方报告了此事。校方立刻报警，并且通报了附近的各个学校。

事件虽然没有造成任何严重后果，但这是一个很典型的例子，可以用来教育孩子们在街道上行走的时候不仅要注意交通安全，而且也要注意警惕可能的犯罪行为。**在孩子们的社会教育中，如何应对潜在的针对青少年的犯罪问题，一向是一个很大、很重要的课题。**像这样的事例，本来学校都已经多次向孩子们讲过了，但这次又借机用身边的事例来强化教育。学校特意向家长们提出了要求，要家长在晚饭时和孩子们一起讨论，如果遇到类似情况，应当如何处理。校方还为家长提供了详尽的指引，让我们告诉孩子：

提醒孩子不要和陌生人对话，并且要赶快离开试图搭话的陌生人；

如果可能，记下任何可能有用的信息（比如描述人和车的特征、车牌号码等）；

要待在人多的地方和有行人穿梭的地方；

立即告知一位可信任的成人，以便他马上与警察联系；

发出声音：大叫是吸引他人注意和吓跑坏人的最有效的方式（家长最好和孩子在家里练习这一技巧）；

不要一个人单独行动。

这些提示都是出自专业人员的经验和总结，比我们一般人想问题更精密和周全。事实上，每当社区有那种陌生人试图接近小孩子们的事情发生，经过学校和警察报告之后，当地报纸都会将其作为一条新闻刊出，从而在日常生活中提高大家这种防止犯罪的警觉。

42 新闻阅读与演讲：学会关心社会

小学四年级时，社会科学的课程开始引导孩子们关心时事，阅读报刊。老师为此给孩子们布置课题，让他们每周自行选择一篇新闻阅读，然后就这篇新闻在课堂上进行演讲。具体的要求是这样的：

1. 找一篇国际、国内、本省或本地的新闻报道
— 国际新闻是发生在加拿大之外的新闻；
— 国内新闻是在加拿大发生的新闻；
— 本省新闻指在英属哥伦比亚省发生的新闻；
— 本地新闻包括在维多利亚和温哥华这一带所发生的新闻。（1分）

注：每位同学都要选择某一个方面的新闻，大约每三周轮做一次新闻报告。

2. 把你所选择的新闻报道的复件拿到班里来展示。复件可以是报纸的剪报，也可以是从因特网上打印出来的。（2分）

注：这条新闻所发生的地点，无论是在加拿大还是在世界上的其他地区，都应当是在教室的地图上可以辨认出来的。

3. 把这条新闻做一个简述，并在班里做演讲。你应在阅读了新闻后用自己的语言把它叙述出来。
— 简述你所选择的新闻报道中的主要事件；（2分）
— 写出你的简述；（2分）
— 卷面书写整齐。（2分）

注：演讲后把书写内容交给老师。文字可以是手写的，也可以是打印的。但无论是手写还是打印的，都必须在两行之间有一个空行。

4. 回答三个同学对你所演讲的新闻的提问或评论。（1分）

此项作业满分为10分。

于是，根据老师的要求，栓柱每天都留心报纸上的新闻。他对动物最感兴趣，所以，和同学们分享的都是有关动物保护方面的新闻。而我所赞赏的是，这一教育在加拿大从小学到大学是一以贯之的。我在大学教语言课时，大学生们也是通过阅读新闻并围绕新闻作演讲而展开学习的。这种练习原来从小学就开始了。孩子们关心社会的习惯、公共讲演的表达能力，就这样在从小到大无数次的练习中培养出来了。

六 社会科学与教孩子做人

43 为青春期做准备

孩子们四年级时刚好九岁,这时学校就开始对他们进行青春期教育了。我们家长一下子接到了不少的学习材料。其中重要的一份,是指导家长如何与孩子进行青春期教育对话的小册子。它开宗明义地告诉家长,青春期是孩子们在心理、情感和社会行为方面发生重要变化的时期,在这个时期孩子们要为"长大"做好充分准备;孩子对自己这一阶段的成长增进了解,可以减少他们对青春期变化的担忧,能更好地照顾自己的身体,并能够告诉家长他们所发生的变化。我们知道,孩子们对成长有很多的疑惑,他们希望从父母和其他可信任的人那里得到相关答案。这个小册子就告诉家长们,青春期的孩子们会在心理、情绪和社会交往方面出现的变化,针对这些变化家长应当用什么样的方式和孩子交流对话,并且指导家长们具体怎样展开对话等。当然,书中也给家长和孩子们进一步提供了相关信息,包括一些参考书目、网页地址,乃至这方面的健康咨询电话号码等。

单给孩子们看的资料也不少。除了一本详细的青春期指导手册外,还有两张纸简明扼要地解答孩子们难于启齿的问题,一张针对男孩子的发育特征,另一张则针对女孩子。例如,男孩子的问题有:我什么时候开始青春期?为什么我老觉得累?我觉得我胖了,这正常吗?我的阴茎似乎和我朋友们的不一样,这是为什么?什么是勃起?为什么我有时在教室里坐着也会勃起?为什么我的睾丸会在身体之外?如果两边的睾丸不一样大,这是不是不正常?我的胸脯怎么挺起来了?射精是怎么回事?怎么我早上醒来时我的床单又湿又黏?什么是手淫?什么是割包皮?为什么我的阴茎会有味道?我的嗓音怎么变了?而女孩子的问题也是围绕着身体的变化提出的，诸如来月经、乳房变大等等。

还有一份调查问卷，是让孩子们向家长进行调查。问卷的题目是：

1. 对于长大来说，什么是最好的事？
2. 你是多大开始进入青春期的？你当时都有什么变化？
3. 你在青春期时是怎样控制情绪和处理尴尬的感觉的？
4. 你像我这么大时对女孩/男孩的感受是什么？
5. 你像我这么大时，你喜欢你身体的哪部分？
6. 什么时候你开始觉得你长大了？

说实话，对我们来讲，这些问题太难回答了。因为我们生活在一个人性被压抑的时代，那时没有人告诉我们青春期是怎么回事，我们自己是糊里糊涂地度过了青春期的。当然，当时所有的那些感觉，也都是模糊不清的。现在，轮到我们教育下一代时，真该趁机补补课。

第七章

艺术教育：学习、欣赏与表演

艺术教育在加拿大的中小学教育中占据重要位置。在小学里，孩子们的艺术学习主要有绘画、手工和音乐。绘画和手工课每个星期都有，各班都喜欢把学生们的成果经常放在教室里的四面墙上展览，甚至在教室外面、走廊的墙壁上，经常来学校的家长也可以随时看到。音乐课学一些简单的乐理，包括识五线谱等，但更多的是学习歌曲和乐器。从三年级开始，每个孩子就要学习至少一种乐器的演奏了，比如吹笛子和演奏比较简单的弹拨乐器。到了五年级，则有专门的小提琴课，这一年级的每个学生都学习演奏小提琴。到了各种节日，学校都会组织音乐会，孩子们全都要登台献艺，从唱到拉，各显所长。此外，出席音乐会，观看戏剧，这些艺术熏陶也是学校学习的一部分。

44 美术训练多种多样

美术课每周一次,每次课上孩子们都有自己的作品,所以我们可以经常看到孩子们这方面的成果。那些在各班教室外的墙壁上展出的孩子们的美术作品,隔段时间就会更换。内容是多彩多样的。有的时候,是老师出题目,让孩子们自己去创作;有时这些图画或手工则与孩子们正在学习的某项课题有关。逢年过节的时候,老师还会组织他们制作一些与节日的主题有关的作品。作品的形式也多种多样,不都是图画,也有很多手工作品。特别是在一些重要的节日,比如母亲节或父亲节,老师会带着孩子们做一些工艺品,孩子们拿这作为礼物送给父母。

有不少作品颇有创意。比如说,到了中国传统的春节的时候,朱赛特老师教孩子们用中国画的技法画竹子。孩子们每人都在白白的宣纸上用浓黑的墨水画出一节一节的竹子,再一笔笔加上竹叶来衬伴。不知道老师是从哪里学来的技巧;孩子们的笔法完全相同,但每个人画出的竹子又各有风格,看起来还真的很有中国国画的味道呢。

非非他们班还制作过相框。材料是硬纸板。内框的形状是长方形的,可以放一张四寸的彩色相片,外框则各不相同,有人做成长方形,有的喜欢椭圆形,还有孩子别出心裁地做成各种动物似的图形。然后,孩子们亲手给相框涂上斑斓的颜色,往往还要加上纸剪的星星或贝壳一类的小装饰。完工之后,老师给每位同学都照了照片,然后每个孩子就可以把自己的照片放入相框了。这个作品在教室的一张桌子上展览了许多日子;学期结束的时候,孩子们把相框带回家,成了这一年来学习生活的一件纪念品,着实很有意义。

栓柱的老师带领他们制作的海洋生物图也非常有趣。孩子们用各种色彩的纸，剪成一小长条一小长条的波浪，粘贴在画面上，然后再剪出各类海洋生物的一些剪纸，诸如鲨鱼、海星、螃蟹，粘贴在作为海水的蓝色背景上，就成了一幅色泽鲜艳、形象生动的海洋生物图。

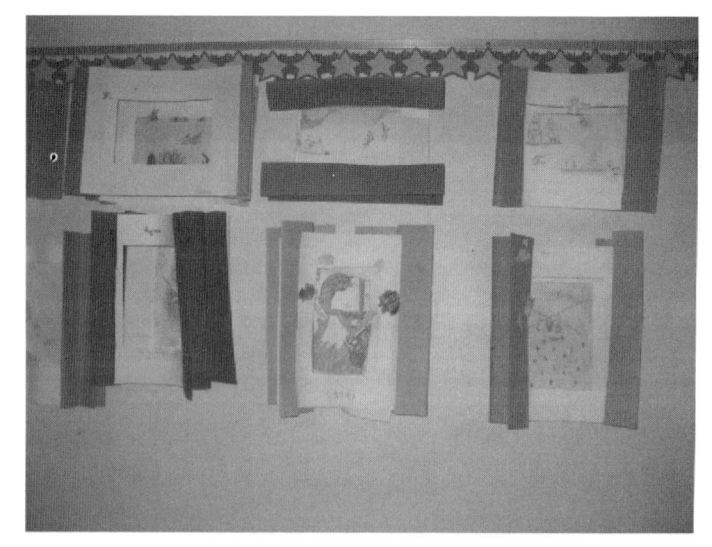

● 孩子们的画

在加拿大的小学里，**学画画不仅仅是为了学一种艺术技巧，更重要的是学会一种表达方式**。很多孩子不一定具有美术天分，但是这也没有关系，学会画画并不主要是为了当伟大的画家，而是像写字一样，要掌握一种能够表达的语言。从某种意义上说，这里的小学生们，画的比写的还要多。栓柱和非非每人在学校里都有一个专门用来画画的白纸本，厚厚的，他们可以用这个本子任意地画画。他们看到的，他们想象的，他们喜欢的，都可以随手乱画在这个本子上。在许多课时的空档，孩子们就在那里起劲地乱画；就是在正经的上课时分，老师也允许甚至鼓励孩子们一边听讲，一边随手乱画。这里的孩子上课当然不会背着手，虽然他们有他们的课堂纪律。比如小测验的时候，有的孩子早早做完了，干什么呢，那就拿出这个白本子来画画吧。栓柱和非非都很喜欢这种做法,他们在家里也经常这么做;我们家总是存了一摞一摞的用过的字纸,那背面就常常是孩子们画出的自己幻想的广阔天地。

当然,老师更鼓励孩子们把图画技巧配合在日常学习中。比如要求孩子在自己的每篇日记后面都画上一幅表达主题的图画;最初的读书笔记,也常常有这样的题目,就是让孩子们画一张画来表现他们读过的书的内容。这种形象的表达,我们知道,与文字的表达同样重要,甚至还可能更有表现力。图画可以帮助人们更好地理解事物;而如果能够通过图画把抽象的东西形象地表达出来,包括把一个活生生的人物刻画出来,甚至把一个复杂的故事表达出来,那就不仅需要很好的理解力,而且需要生动的想象力、对于空间关系的良好把握、对于线条表达力的掌握等等,那个难度是很高的。儿童正是具象思维发达的年龄,这种练习对于开发他们的思维潜力,应该是很有益处的。

45 老师汇报音乐课的教学

音乐课在小学里比重不小，每周有两次。每个学期结束的时候，除了班级老师的报告之外，再就是音乐老师的专门报告了，老师会用一整页的篇幅向家长详细介绍他们的学习内容。比如，二、三年级的课程是这样安排的：第一个学期，音乐课的目标是这样一些：练习国歌《啊，加拿大》，用英语和法语两种语言演唱；通过敲打或鼓掌来学习简单的音节；复习有关音乐节奏的知识；介绍和练习音乐基础理论（从低音So到高音Re）；老师给学生们讲一些音乐故事并引导学生进行讨论；学生们还要参加唱歌、运动和一些音乐游戏。

到了第二个学期，内容又有一些变化：通过拍手、动作和运用简单的乐器来继续练习节拍；辨认简单的音乐节拍；确定音调并辨认音调的变化（高音、中音和低音）及旋律；学习一些歌曲，准备圣诞节音乐会的节目，同时讨论如何做领唱和做一个好的听众。这个学期还要学习唱歌、动作和舞蹈，学习更多的音乐游戏，学习欣赏和讨论音乐如何表达感情，还要学习高声和轻声、快和慢这些东西。学生们还要把一些听到的音乐故事，通过图画和表演表现出来。他们要能够在一首简单的歌曲中辨认和拍打出四分之一拍、八分之一拍和半拍；老师还要开始给他们介绍六分之一拍。

第三个学期，学生们就要能够辨认六分之一拍，并用一些简单的乐器来练习节奏，并学习固定音型。鼓励学生们参加班级组织的各种演唱活动。

除了音乐课之外，如前所述，学校还为孩子们安排一些音乐会。这一学年的二月，就请了邻近的阿布塔斯中学七年级的爵士乐乐队来给全校孩子们演奏。

七 艺术教育：学习、欣赏与表演

46 人人是观众、人人是演员的学校音乐会

孩子们最重要的音乐会，也许应该是他们自己参加演出的那些了。校景小学每年都会举办两次这样的音乐会。一次是在圣诞节前，另一次是刚开春的时候，所以一个就叫圣诞音乐会，另一个就叫春季音乐会。准备这两场音乐会，是音乐老师展森女士的教学内容之一，也是全校学生人人参加的一项重大活动。这样的音乐活动，在校景小学还相当有水准。

圣诞音乐会的主题，自然都和圣诞节有关。孩子们唱的、演奏的，都是圣诞歌曲。孩子们的歌声每年都把我们带入浓厚的圣诞气氛之中。随着歌声，孩子们也在幻想自己如何得到圣诞老人送来的最心爱的礼物。

春季音乐会的主题就不一定了。有一年，春季音乐会的主题尤其特别，节目单上印着：为庆祝加拿大、猫和其他一切，我们荣幸地为大家表演。其实这个音乐会要歌唱的是同学们所生活在其中的国度、大自然以及生活中的一切。为什么是"猫"呢？那可爱的小东西当然是被选中作为动物和大自然的象征

● 人人是演员的春季音乐会

119

的；另外，也许因为"猫"的英文发音和"加拿大"一样，都是以"ca"开头的，有种音韵上的和谐。

不过，这次音乐会的程序与以往也都是一样的。一开始，由校长致辞。这样的致辞，都很简短，主要是表达对于所有参与者，包括来出席音乐会的家长们的感谢。然后，全体起立，用法语唱国歌："啊，加拿大，我们先辈的土地……"接下来，就进入表演，各个班级依次上场。一共十来个节目，但形式丰富多彩，有合唱，有舞蹈，还有乐器演奏。合唱节目有以班级为单位的合唱，还有四年级和五年级共组的合唱队的合唱，那就近乎专业水平了，因此是重头戏，每次都放在最后压台。舞蹈也很有意思，孩子们跳的是类似英国农村庆丰收时的集体舞，一男一女成双结对，再配上英格兰的民族服装，看起来还很地道呢。有两个班的学生演奏乐器。四年级学生演奏的是一种夏威夷的乐器，叫"尤克里里"，看上去像小一些的吉他。三年级的学生则演奏笛子。乐曲极其简单，Do-Re-Mi节奏分明。家长们都为孩子们感到高兴，实际上这是向家长的汇报演出，展示他们在学校音乐课上的学习成果。

家长入场的时候，有学生在门口派发节目单。看到节目的内容，才对他们演出的主题加深了了解，其中有好几个歌颂猫的曲目。有一首歌叫作"猫回来了"，极为幽默有趣。孩子们伴唱，老师装扮成猫，在台上晃来晃去，营造出生活中与猫相处的那种温馨气氛，但滑稽夸张。台上诙谐的表演，不时地把台下观众逗得哈哈大笑。

表演结束后，校长再次上台，特意感谢音乐指导——学校的音乐老师展森女士。展森女士来到台上，向大家挥手致意；有学生上来给她献花。随后，展森女士讲话，鸣谢她邀请来的钢琴演奏师，又有学生向钢琴师献了花。展森女士旋又感谢所有支持这次音乐会的家长、教职员和学生们。音乐会结束时，全体起立，再用英语高唱国歌。

七 艺术教育：学习、欣赏与表演

47 有教学意义的交响乐会

2005年11月21日，我陪孩子们聆听了一场别开生面的交响乐会。这是维多利亚交响乐团专门为五到八岁的儿童演出的教学性音乐会，目的是让孩子们在观看交响乐的过程中了解什么是音乐，什么是交响乐，激发孩子们对音乐的兴趣。据说以前这个活动是专为四年级以上的孩子们组织的，而这一年第一次为更低年级的孩子们举行了演出。

交响乐团的指挥谭尼雅女士相当年轻。据说她是加拿大第一位大型交响乐队女指挥，在音乐界和学术界享有很高的声誉。不过，她这次在台上与往常的风格截然不同。因为面对的是儿童，所以她表现得有点像马戏团的小丑，说起话来有时抑扬顿挫，有时神神秘秘，不时地把孩子们逗得哈哈大笑。

她一上场，就先让每一种乐器的演奏师演奏一下他们的乐器，然后一一告诉孩子们这些乐器的名称，接着便向孩子们提出一个问题：音乐的魔力到底是什么？她对孩子们说："你们是我的助手，我们今天就要一起找出这个问题的答案。"她并没有急于把答案告诉孩子们，而是循序渐进地启发他们。她指挥乐队演奏了几个著名的小曲子，然后让孩子们和她一起打拍子。孩子们一边打着拍子，她一边告诉孩子什么是音乐的旋律和节奏。

接下来，她告诉孩子们，音乐可以靠自己的想象去理解，靠自己的感觉去感受。这时，乐团演奏了一段快节奏的乐曲。谭尼雅问孩子们：你们听出了什么？孩子们的回答很响亮，但也很混乱。有的说是跑步，有的说是跳舞，有的说是森林里的动物等等。谭尼雅很高兴地说："这就是你们对音乐的理解，这并没有正确或错误的答案，不同的人可以有不同的理解和感受。"

　　为了打破音乐对孩子们的神秘感，她告诉大家，音乐是人人都可以创造的。她说："我们现在就来创造一个音乐。"她让大家举起双手，先用两手各一个手指对拍，然后再用两个手指对拍，然后是三个手指、四个手指，最后是五个手指对拍。孩子们随着她的指挥舞动双手，只听到全场哗哗啦啦如下雨一般。她得意地对孩子们说："你们听，你们制造出了下雨声的效果，这就是你们的音乐创作。"雨声是这里的孩子们最熟悉的声音，因为维多利亚冬天的雨水是不断的。

　　最后，也是全场的高潮，指挥家高声招呼孩子们一起高唱《欢乐颂》。孩子们随着她的指挥和乐团的伴奏放声齐唱，歌声在音乐厅中久久回荡。当歌声结束、全场恢复安静之后，谭尼雅告诉孩子们："音乐可以让所有的人团结在一起，成为一个大家庭。这就是音乐的力量。"

　　在表演结束之前，她又把开始的问题拿出来，并为孩子们揭开谜底："我们刚才所经历的这一切，就是音乐的魔力。"孩子们热烈鼓掌，谭尼雅频频致谢。

　　我的两个孩子都出席了这次音乐会。非非参加完音乐会后，回到家里，把他在交响乐会所上看到的所有乐器，都一一画了出来，并且注上它们的名称。

七 艺术教育：学习、欣赏与表演

48 戏剧欣赏也是艺术教育

校景小学有个得天独厚的条件，那就是与维多利亚大学为邻，而大学校园里有设备一流的剧院、影院等设施，孩子们一年里会有好几次机会到大学校园看戏剧表演或电影。这太容易了，走几分钟就到，无需任何交通工具。十一月，他们已经看过一场话剧了。这次是这一年里的第二次。老师一般都会邀请一位家长做陪同，走在队伍的末尾帮助照顾孩子。上次我没有去，这次我积极要求，于是有机会和孩子们一起看戏。

看的戏是《灰姑娘》，戏中的女主角英文名叫Cinderella。这个故事可能是世界上的小朋友人人皆知的。Cinderella这个可怜的姑娘生长在继母家，每天都要忍受来自继母和两个姐姐的挑剔和嘲讽。Cinderella非常善良。有一天，门外来了一位要饭的老太婆，她恳求继母和她的女儿们给这位老太婆一点儿面包，但被吝啬的继母和她的女儿们拒绝了。Cinderella只好将自己仅有的那点儿面包全部送给了老太婆。有一天，继母和她的女儿们去参加宫廷舞会，只留下灰姑娘一人在做家务。那个老太婆，其实是仙女变的。仙女决定报答灰姑娘的好心，让她度过一个幸福的夜晚。仙女送给灰姑娘一双水晶舞鞋，并用魔法使Cinderella穿上最美丽的裙子，坐着华贵的南瓜车，也去参加盛大的宫廷舞会。王子被Cinderella深深打动。可惜午夜十二点到了，灰姑娘不得不依照仙女的忠告离开皇宫。后来，王子发现了灰姑娘遗失在皇宫里的水晶舞鞋，国王于是下令：哪位姑娘可以穿上这只水晶舞鞋，就将成为王子的未婚妻。Cinderella终于被王子找到了。

演出的剧团是本地一个小有名气的小剧组，只有四五个演员，却能演一场十来个角色的戏。像Cinderella这样的剧，主要的观众是孩子，所以他们的表演牢牢抓住了孩子们的心理。那傻傻的摇头摆尾、跺脚大笑等，每一个动作都能把孩子们逗得哄堂大笑。我们成人看了觉得很夸张，可孩子们却看得津津有味。这种潜移默化的艺术欣赏和审美教育能够在学校受到重视，意义非同小可。父母带孩子去观赏是一回事，在学校里和同龄伙伴一起欣赏则另有一番滋味。

七 艺术教育：学习、欣赏与表演

49 学乐器是为了表达和分享

进入五年级，音乐课的主要内容之一是学习提琴演奏。学小提琴、中提琴或是大提琴，孩子们可以自行选择。课程是自愿参加的，但这样免费学琴的机会有谁愿意放弃呢？所以，孩子们都会选择参加。学校并不提供乐器，而买乐器很花钱；可是，有的孩子学上一年之后也许就放弃了，谁愿意去为此专门买乐器呢？为了支持各个中小学校的这类课程，维多利亚的乐器店纷纷开办租赁业务。一年一百加币的价格，就可以为孩子租一个提琴；再付上十元钱的保险金，琴坏了或者丢了都不用担心。新学年开始的时候，乐器店会亲自上门，把琴搬运到学校，为孩子们租琴提供方便。这样，每个家庭并不需要花很多钱去购买乐器，但孩子们同样有学习乐器演奏的方便。

栓柱自己选择了中提琴，他的理由是拉中提琴的人少。拉小提琴的人的确太多了，而大提琴又太大，这个年纪的孩子还不容易对付。他的选择很有道理，我们没有提出反对意见。第二年，非非照哥哥的样子，也选择了中提琴。一般在开学后的第三个星期，这个课程正式开始，每周两次，一次一小时。我真佩服那个提琴老师：一位看上去已经有五六十岁的女教师，还梳着个高挑的马尾巴，总是一脸严肃。她不仅一次要教二三十个水平、天资参差不齐的学生，而且她其实还同时负责好几个学校的提琴教学。可是，她对待每一个孩子的学习都是很认真的。栓柱刚刚学琴时，遇到些困难，想打退堂鼓，我曾写信向她求助，她立刻表示，可以请一位音乐系的大学生每周一次为栓柱作专门的辅导。我想我肯定不是唯一一个向她提出特殊要求的家长。我真不知道她是如何应对这群孩子的。

● 孩子的第一场提琴演奏会

可是，结果让我们喜出望外。仅仅五个星期之后，学校就发来了通知，请家长们前来观赏孩子们的第一场音乐会。音乐会在道格拉斯山高中的大礼堂举行。乐池里，一边是这家高中的校乐队，人人一身黑色套装，看上去十分专业；另一边是我们学区里所有小学五年级的学生们所组成的乐队，几百号人，个个白衬衫、黑裤子，再配上黑皮鞋，也挺有小音乐家的派头和气势。开幕曲当然是由高中生们演奏，他们技巧娴熟，乐曲颇具难度，水平相当不错。接下来，就是小学生们开奏了。噌噌噌，噌噌噌，一个极为简单的旋律，三十秒完成。你还别说，虽然短小，但还是有腔有调的，很像那么回事。家长们报以热烈的掌声，有发自内心的欣慰。第二支曲子，就是《一闪一闪亮晶晶》（Twinkle Twinkle Little Star）的旋律，居然一支曲子完整地拉下来了，还挺齐。把这群孩子在五周内从一张白纸调教成可以演奏曲子，这真让我对这位老师敬佩有加。

再过一个多月，就是圣诞节了。这班小小音乐家，已经能演奏好几首圣诞歌曲了。他们的演奏，成了学校圣诞音乐会的亮点。之后，又有学校的春季音乐会和其他一些演出，一年下来，足足表演了七八场。**加拿大人对学习艺术的理念浸透在教学之中：这不仅是为了学一种技艺，也在于享受和欣赏，特别是与人分享。**每有演出，学校都会请家长来做听众。这当然是一群最能欣赏他们并且最忠实的听众。

最让我激动的，是年终暑假前的全学区弦乐音乐会。参加演奏的学生有三百多人，来自本学区各个学校；维多利亚大学提供场地，在他们的大体育馆里举行。演奏分高中、初中和小学五年级三个组，每个组都分别演奏了两个曲目。当然，三个组，显而易见是三个档次和水平。可是，演出结束前，音乐老师们先指着高中部，又转向小学部，对家长们说："请看看这些高中生的水平，若干年前就是现在小学五年级的水平，这就是他们参加弦乐学习的成果。"的确，孩子们成长、进步的轨迹，在这里清清楚楚地表现了出来。今天怯生生的小提琴手，明天保不准就是世界级的演奏家呢。最后，三个组同奏了一首曲子，初中部和高中部主奏，小学部配音，悠扬的乐曲在大厅中回荡，我的心绪也随着这乐曲荡漾。

是的，小学五年级仅仅是孩子们在学校学习乐器的开始。小学即将毕业的孩子们，已经翘首期待着进入初中之后在这方面有更多的选择。除了继续学习弦乐，他们还可以选择参加管乐队，从长笛、黑管、萨克斯管、小号、大号、圆号等十几种管乐器中，任意选择一种学习。他们的音乐生活，就像他们的学校生活一样，将更加丰富多彩。

第八章

培养团队精神的体育

体育在西方教育理念和实践中都占据一个特别重要的位置。这从奥林匹克运动的兴盛可见一斑。在我们这个四周环海的岛上，不论是晴空万里，还是风雨交加，甚至寒风刺骨，都可以看到海面上有人扬帆，有人冲浪，有人海上跳伞。加拿大人健壮的体魄和勇敢的冒险精神，实在叫人佩服。这和他们从小的训练也是分不开的。加拿大人非常热爱体育、崇尚体育。随着年龄的增长，学校里的体育健将往往成为最酷（cool）、最受人欢迎（popular）的孩子，如明星般为人仰慕。

无论是在学校还是在社区，体育活动都非常丰富。每个周末，不经意地走过任何一个体育场，都会看到各种球赛在进行。学校一般会安排中午的篮球活动，每周三下午的游泳俱乐部活动等。但毕竟有场地和时间的限制，学校体育活动的种类还是有限的，更多的活动是靠社区或社团来组织。在加拿大，最热门、最疯狂的体育项目是冰球，相当于这里的"国球"。冰球需要良好的专业设施，一般中小学难以具备。因此，儿童冰球训练课程，往往都是由社区主办的，很多孩子都报名参加。打冰球是很费时间的，为了凑所有孩子有时间，同时还能找到适宜的训练场地，孩子们常常要起早贪黑。晚上的训练还好说，早上的训练才辛苦呢。有很多时候，训练时间安排在清晨六点，将近八点钟孩子们才能回家换洗，八点四十就要去学校上课了。可是，参加冰球训练的孩子们和他们的家长，个个都热情高涨，对此毫无怨言。比赛，往往还要跑到几十甚至几百公里以外的地方进行，可孩子和家长们都乐此不疲。

不过，在学校的体育训练之中，学习个人技巧只占很次要的一方面。小学体育最注重的，还是让孩子们学习规则，学习相互之间的配合，着重培养孩子们的团队精神。

不知道是因为孩子的族裔——亚洲人的特点，还是因为天性如此，栓柱和非非都不喜欢对抗性的团体体育活动。所以，他们没有参加冰球、足球或篮球活动，因此我也很难讲出这些活动中的故事，这里只能就他们参加的一些活动记录下所见所闻。

50　球类运动重在学习相互配合

校景小学有一个多功能的体育运动大厅，孩子们一周两次的体育课就在这里进行。课程的内容，按孩子们的话说，就是玩游戏。**小学体育课的目的，主要不在于学习体育技巧，而是注重发展孩子自身的身体协调能力，培养他们与同伴配合的团队精神和竞争意识。**球类游戏大概是最有助于实现这一目标的。

从栓柱的老师托马斯女士每一个阶段给家长的信中可以看出：开学之初的九月，主要的体育活动是进行以合作和竞争为主的游戏；十一月，则主要进行一个叫做"Soccey"的足球游戏。通过这个游戏，孩子们学习足球技巧，五人一组进行踢球、传球和进球训练。学期末，配合科学课程里学习水的内容，以海盗为主题，进行一系列的追逐游戏。

非非班的体育课，则以体育活动中的安全问题为课题，开始了新学年的课程。他们通过几个集体合作的游戏来展现安全的重要性。老师和孩子们花了几个星期的时间，专门讨论健康的生活和健康的心脏是怎样的，还有积极参与体育活动与安全的重要意义。接着是玩扔球、接球和躲避球的游戏。然后，有四个星期的体操训练。这一期间的每个星期四，老师还特意请一位家长来体育课上负责照看孩子们的安全。同时，他们把体操和舞蹈相结合，还练习了一个叫作"骑毛驴"的舞蹈。后来，在感谢家长的茶会上和为一个老师举办的退休送行会上，非非他们都表演过这个舞蹈。孩子们还学习了手球的基本动作和手球的规则，这项运动是一项需要相互紧密配合的团体运动，对于训练团队精神有极好的作用。天气好的时候，老师干脆把孩子们带到露天活动，他们会在大操场上进行所谓的"加州踢球游戏"。朱赛特老师在期末最后的总结中特地写了一句：体育课的最终目的，是让孩子和同伴们一起快乐地玩耍。

51 跑步也有各种名目

每年五月，正是阳光充裕、气候温和的季节。我们这个学区各个小学的三、四、五年级的学生，都要在这个季节参加一场赛跑运动会。比赛项目有一百米赛跑、四乘一百米接力赛和八百米中长跑。这些年级里所有有兴趣的孩子，都可以自愿报名参加，然后由各个学校选拔、组队前来。运动会的地点，就在与校景小学一街之隔的维多利亚大学运动场。

栓柱自知他的运动水平不高，所以向我明确表示他不想参加比赛，但有兴趣去观看。我当然尊重他的意见。明知孩子这方面不行还硬要他上，这对孩子的自信和自尊都没有任何好处。非非见哥哥不去，他也不愿意参加，我很无奈。不过，既然他们愿意观看，去做他们学校的拉拉队，那当然也不错。

比赛分许多天进行。参赛的学生，在一个星期之前，在自己的学校里已经有了许多次的练习，然后参加本校的选拔赛。我们每次来观看的，都是整个校区各小学最后一天的决赛。那一天，本来已经进入暑假而校园十分清静的大学，停车场上满满当当，运动场边熙熙

● 春季的短跑赛

攘攘，本学区各小学高年级的学生、家长和老师们都来了。高高的观看台上，人头攒动，情绪高昂。各校拉拉队的学生们穿着代表不同学校的不同颜色的运动服，手里拿着和衣服颜色一样的旗帜或气球。有的孩子甚至把头发都染成他们学校的颜色来凸显他们的认同和支持。比赛的准备阶段，裁判高声地报出每一个跑道上学生的姓名和所属学校。每当孩子们听到自己学校的名字，他们都兴奋地高举双手大叫大喊，拉拉队呼呼啦啦地发出各种声音，好不热闹！

像这样的跑步活动，学校还有很多。象征横跨加国的长跑活动，就是每年必办的一项日常运动项目。孩子们在学校课间的休息时间进行这项跑步活动，特别是第三学期。雨季过去了，操场的地面不那么湿了，学校号召孩子们积极参与，每天围着操场跑一圈、两圈、三圈或五圈都可以。到了学期结束的时候，学校会帮助孩子们计算这一年所累计的跑步公里数。有人跑了几十公里，也有人跑了几百公里，还有孩子甚至跑了上千公里。孩子们量力而行，但是，只要参与，学校都会给他们发奖励信，以资鼓励。

秋季的越野跑步比赛，也是一年一度。三年级以上的孩子自愿报名参加比赛。记得二〇〇五年那年，有40名学生参加比赛。学校专门抽出上课的时间给参赛的孩子们练习，还有专门的教练指导。

第一场比赛结束，成绩可喜，居然有十一名学生在他们年龄组取得前二十名的名次。接着还要在不同的地点举行多次比赛。从九月底开始，直到十一月初，比赛隔三差五地进行，前后持续了一个多月。

最后一场，是在维多利亚市中心的培根山公园举行的，参赛的代表来自维多利亚各个学区。那天天公作美，观看的人也很多，孩子们士气很高。决赛之后，前三十名的学生被授予丝带。校景小学的成绩相当出色，不仅有二十位学生参赛，还有打破年龄组纪录的呢。

52 游泳是最基本的生存技能

如前所述，孩子们在学校里的体育活动只是一个方面，还有很多体育项目孩子们是在课外通过社区娱乐中心的课程来学习的。社区娱乐中心是政府出资开办的机构，为居民提供各种体育活动设施，也是大家的娱乐活动场所和文化学习场所。维多利亚有三十五万人口，设有十几个大规模的社区娱乐中心，每个中心里都设有健身房、室内游泳池和各种室内球场，有一些还有滑冰场、跳水池、峭壁攀登练习场等。这里最吸引我们的，是那些专门为孩子们开设的多种多样的学习文体技巧的课程。

社区娱乐中心每年都编印一份几百页厚的活动和课程目录。光看这些目录，丰富多彩的活动就让你目不暇接。孩子们的活动，一般是按照学龄前儿童、上学儿童（六至十二岁）和少年儿童（十三至十六岁）这三个不同组别，分别开设各种学习课程。从手工艺术、画画、陶艺、各种乐器、戏剧，到游泳、滑冰、各种球类运动、武术、瑜伽、跆拳道，还有电脑操作、动漫制作、连环画绘画与写作等等，几乎无所不包。课程类型有两种，一种是集体课程，一种是一对一的单人课程。集体课的费用比较低，一般一小时八加元左右；而一对一的课程就要贵很多，大概是集体课程的五六倍。通常，如果一个孩子在集体课中不大适应或跟不上进度，家长就会考虑让孩子上一段时间的一对一课程，孩子们就不至于因为在集体课程里停滞不前而失去兴趣。

我们栓柱和非非在整个小学阶段都在上游泳课，已经基本完成了从一级到十级的全部游泳课程。此外，他们还上滑冰课，也参加过网球课和国际象棋课等。

在这些体育项目中,我们最重视游泳。可以说,游泳是人生存所必备的本领,是非学会不可的;而且,游泳的锻炼效果好,对于孩子的呼吸系统、动作协调系统和大脑发育等多方面的成长都有比较明显的好处。所以,他们两个最先开始的就是游泳课。社区娱乐中心的游泳条件非常好,室内游泳池可以保证孩子们一年四季学习游泳。游泳池多种多样,有给大人和大一些的孩子们使用的正规游泳池,有的正规到可以开奥林匹克运动会,也有供小孩边戏水边学游泳的蘑菇池,因为这里开设有为几个月大的孩子所设计的游泳课程。婴儿更衣室不仅有一般习见的男更衣室和女更衣室,而且专门设有很多个家庭更衣室,一小间一小间的,父母可以带着孩子在这种单间的家庭更衣室里更衣,方便父母照顾那些还小到不会照顾自己的孩子们。为了鼓励人们多出来参加健身活动,在游泳池大厅内,还建有蒸汽浴室、桑拿浴室、热水按摩浴池、漩涡水池等多种设施,陪伴孩子学习游泳的家长们可以免费享受这些服务。

孩子们的游泳教练大多是大学体育系的学生。他们虽然年轻,但都受过专门训练,很会带孩子。**这里的教育方式是顺其自然,不勉强孩子,更不会逼迫他们。**刚开始学游泳,孩子们当然怕水。教练就是从玩开始,通过各种游戏让孩子们往水里钻,让他们渐渐与水亲近。然后,他们就让孩子们试着拍打水,在水里乱扑腾,直到他们会胡乱地在水里拨拉着走了,再开始教授游泳的姿势。随着孩子们游泳的长度和速度的进步,游泳的姿势也不断得到纠正。学得快的孩子,几个星期就能跳升一级,学得慢的就再多学一段时间。我们栓柱和非非,一周参加两次游泳课,春夏秋冬坚持了数年,现在非非已经完成了全部十级的课程,能够游标准的自由泳、蛙泳、仰泳和蝶泳。栓柱也已经进入尾声阶段。之后,他们还可以参加"太平洋海岸游泳俱乐部",继续更高强度的游泳训练。

53 全班一起打水球

学期末的时候，老师总喜欢组织孩子们外出游玩，游泳是其中一项最受欢迎的活动。一次，朱赛特老师租下了社区的一个娱乐中心的游泳场地，还特意请来了两位游泳教练。

我们社区有两个娱乐中心有游泳池。一个大一点，一个小一点。大的那个不用说，设备一流，是可以开奥林匹克运动会的。这个小一点的游泳场，则离校景小学很近，只需要三分钟的车程。那里有一个大的标准泳池，旁边还有几个小池子，一个可以玩喷水，另一个是旋转水池，再有就是专供婴儿学游泳的浅池子、老人们喜欢的洗土耳其浴的池子等等，另外配有蒸汽浴室和桑拿浴室。我们孩子平时的游泳课就在这里进行。这个池子一年开放十二个月。每当家长陪同孩子来学游泳时，家长可以在旁边的池中做热水浴，或到里面的小屋里做蒸汽浴或桑拿，都是免费的。

朱赛特老师带孩子们来的就是这个游泳场所。看来所有的孩子们对这里的环境都十分熟悉，他们换好衣服后就争先恐后地跳到了游泳池之中。一位教练过来招呼同学们排成一队，然后发出指令：向前游！孩子们都积极奋勇地游了起来。有的孩子游得还不大好，有的孩子姿势还没有完全掌握，一眼望去五花八门，有点儿群魔乱舞的味道。当孩子们游到泳池中央时，教练又一声令下：往回游！孩子们又都转过身来向相反的方向游。池子里噼里啪啦的，真热闹。

游了几个来回，孩子们热了身，教练就开始教孩子们玩水球。先是一个一个地练习接球，之后简单介绍了一下规则，又指定了两个守门员，于是就开始比赛了。女孩子一队戴红帽子，男孩子一队戴蓝帽子。教练发球、抢球。非洲裔的孩子阿比是天生的体育健将，开场不到两分钟就射门了。他的灵活、迅猛和矫健，让观看台上的家长们赞叹不已。不过，女孩子们一点儿也不示弱，很快就抢到球也射了一次，进了！场上比分是一比一。陪同的家长们都热烈地为孩子们鼓掌。孩子们你争我抢，不断进球，比分交错上升，不相上下，还真有点激烈呢。

非非这年是在二、三年级的混合班。这个时候的孩子，大一岁可是大不少呢，三年级的学生显然是场上的主力。像非非这样个子小、年龄也小的孩子，别看他水性好，这时也只能站在一旁敲敲边鼓，既不愿意往前冲，也冲不上去。但是，那池中的角逐的确令人兴奋和快乐，每一个孩子都兴致勃勃。玩了大约四十分钟，教练叫停，孩子们可以到旁边的几个小水池中随意玩耍十分钟。整个游泳场里人声鼎沸，孩子们的打闹声和水声夹杂在一起，热闹非凡。

上岸了！老师一声令下，不少孩子纷纷走向更衣室。也有一些孩子舍不得走，还在水里继续玩，老师不得不一一点名催促。孩子们离开的时候，头发湿湿的，脸蛋儿红红的，充满活力的小身体上好像写满了健康和快乐。

54 加拿大人人都会的滑冰

滑冰是加拿大人人从小就掌握的运动技能之一。很多加拿大孩子，走路都还走不稳，却已经会滑冰了；不到一岁的孩子也可以扶个小车子在冰上溜来溜去。

当然，学校每年都会组织孩子们去滑冰。记得来到加国的第一年，孩子们第一次参加学校组织的滑冰活动，那真是感觉尴尬。班上的同学们，一个个到了那里就换上滑冰的行头，然后就在冰场自由自在地活动、玩耍起来。只有我家的两个小子，傻傻地站在边上，不知所措。栓柱的老师很热心，她硬拉着栓柱在冰上走了几步。可是，栓柱在冰上又胆怯又僵直，和那些在冰场中央嬉戏奔跑的孩子们形成了极不协调的对比。而非非根本就没有上场。

从那以后，我就给孩子们安排了去上社区运动中心的滑冰课。我们的近期目标是，第二年学校再组织滑冰活动的时候，可不能再这样了，要让他们能够和同学们一样在冰上玩儿。果然，第二年，非非他们班的孩子们又来滑冰了。半年多来每个周六带着孩子上滑冰课的辛苦没有白费。当我来到滑冰场观看时，只见非非一会儿自己从这头迅速地滑到那头，一会儿又和几个小朋友追来追去，在冰上极其自在和开心。我在场外向他招了招手，他看见了我，便向我飞快地滑行过来。虽然那时他的滑冰技巧还不完善，身体的重心只在一只脚上而不能在滑行中左右交替，但看上去已经是很自如的样子了。几十分钟的剧烈运动，使得他的小脸变得红扑扑的，散发着热气。看到他兴高采烈的样子，我能体会到他在冰上奔驰的快感，我也为孩子们一年来极其迅速地适应这里的生活感到由衷的高兴。

栓柱身体协调能力差一些，经过一段时间的滑冰训练之后，他虽然在冰上站

八 培养团队精神的体育教育

着走着都很自在了,但就是不会滑行。我为此有点儿着急。有一次,我就问一个曾经教过他的教练,这种情况应该怎么办,要不要给他开小灶,多花点钱让他上一对一的课,那位教练问我:"他觉得滑冰好玩吗?他喜欢吗?"我回答:"当然,他很喜欢,他觉得很有意思。"于是,教练回答我:"那就可以了。技巧要慢慢学,有的孩子就是要花很长时间才学会滑。"一句话解除了我的焦急和负担。是啊,那就慢慢来吧,只要孩子快乐就行。快乐就是孩子们健康成长的根本。果不其然,过了一段时间之后,栓柱也能在冰上自如地双脚滑行了。

● 冰球之国哪有不会滑冰的

55 为保护心脏一起跳绳

一年一度的全校跳绳活动一般在春季举办。它还有一个专门的名称，叫作"为了心脏而跳绳"。这是全加心脏病防治协会组织的活动。由于加拿大现在心脏病发病率上升，而且患者的年龄也在下降，这一组织希望通过跳绳活动，鼓励孩子们在娱乐中参加有益心脏健康的运动。协会还教育孩子们要均衡饮食，并且通过号召捐款让孩子们知道帮助别人的重要意义。这样一个活动，能集体育运动、教育和慈善于一身，每个学校自愿报名参加。

我作为学校的家长义工，多次参加过这一活动。每到举办这个活动时，学校的体育大厅里和大厅外的操场上都摆满了大大小小、长长短短、粗粗细细的跳绳用的绳子。为了避免混乱，跳绳按照年级顺序，一组一组地举行。我那次参加的是非非他们四年级组的活动。老师带队来到厅里，把孩子们分成几个组，然后自己带领一组先跳起了大绳。我带着另一组的孩子们照着这个组的样子到室外也抡起了大绳。孩子们一个接一个地跳过大绳，又转回头来玩。过了一会儿，甩绳的孩子也想跳，就有别的孩子过来接替。有的孩子跳够了，就转身到旁边拿起一根小跳绳自己单独去跳。有的孩子觉得轮流跳绳不过瘾，就三人一组，两个人摇绳，一个人跳，直到跳累了，再换另一个人跳。孩子们一个个都跳得小脸红扑扑的，身上热气腾腾的。大厅里面，不知道是校长还是哪位老师跳花样，惹得孩子们去围观，人群中不时爆发出笑声，热热闹闹的。大约过了三四十分钟，校长说："时间到了，该换五年级的学生了。"孩子们便在老师的指挥下，列队走回教室。

这一天上学时，学校号召每个孩子带两块钱来学校，作为给心脏病防治协会的捐款。捐款中的一小部分回扣，是留给每个学校的校费。学校为协会做贡献，协会也不白拿学校的钱，学校因此能一举多得。

56 海上扬帆

在学校，孩子们有机会尝试各种不同的事物，从智力到体能，从动脑到动手，方方面面的门都为孩子们敞开着。在海边生活的孩子，更有一些得天独厚的条件，可以来到海上学习扬帆，从十岁开始就尝试海上运动。栓柱所在的五年级班，就参与了这一活动。

我作为孩子们的义务司机，陪同孩子们，有机会亲眼目睹他们的活动。六月初，维多利亚的夏季还没完全到来，海风仍然带着一丝寒气，但孩子们的热情早已把天气的寒凉赶到了大海之外。那天早上，孩子们在老师和一些家长的陪同下，来到了位于橡树湾旁的维多利亚皇家游艇俱乐部，开始了半天的扬帆训练。

几个年轻的教练出来迎接校景小学五年级的这班学生。他们给孩子们讲的第一个课题，是安全与救生。孩子们走进库房，每人选择了一件适合自己身材的救生衣穿上，然后教练向他们宣讲了一系列安全注意事项。紧接着，大家就来到码头，准备上船。这些帆船都是专供孩子们使用的，体积较小，一条船只能乘坐两个孩子，上面有一个小发动机和一面风帆。事前，老师已经给每个孩子找好了合作伙伴。该上船了，孩子们个个摩拳擦掌。

教练们把紧每一只小船，待两个孩子上船后，让他们一个坐船头，一个坐船尾。教练纠正着每一位孩子的坐姿，既要坐得舒服，又要安全。开船了！坐在前面的孩子负责风帆和方向，后面的孩子则负责开动摩托，小船优哉游哉地离开了码头，驶出了海湾。开始，我们家长们都紧张地看着孩子们，生怕他们控制不住船。可是，孩子们却一点儿也不胆怯，只在开始的两分钟还有些生疏，左右尝试了几下，很快他们就能稳稳当当地把船开起来了。他们在海上摇来摆去，好不自在。望着孩子们渐渐远去的风帆，家长们情不自禁地在岸上欢呼起来。

过了一段时间，孩子们的技术娴熟了，教练们就开出一只汽艇在孩子们扬帆的海域兴风作浪。波浪撞击小船，小船在浪尖和浪底悠来荡去，左倾右斜，家长们在岸上看得胆战心惊，可孩子们却开心得哈哈大笑，一浪过后，又转身期待着下一次的波浪。

接下来，教练设定方向，让孩子们驾驶着小船围绕一个中心转大圈。随后，教练又在不同地方的水面上放了一些气球，让孩子们驾船去拿，看哪条船能先拿到。这时，海面上的平静有些被打乱了，又要争夺目标，又要防止撞船，孩子们争先恐后，你抢我夺，好不惊险。

这小小的游戏玩过了一阵，教练们又开来一只大气垫船，邀请我们家长上船。教练开着这船在孩子们的小船之间穿梭，经过每一只小船边，让家长给孩子们拍照。班里那位坐轮椅的学生麦克也来参加了这项活动。专门负责他的那位老师双手托着，把他抱上我们的大船，和我们一起在海上巡视。我想，他也许为自己不能和其他孩子一样在海上荡舟而沮丧，但也许为自己在这种身体状况下也能在海上观看同学们的活动而庆幸。

我相信，班里大多数的孩子，这一天都是第一次尝试在海上扬帆。我也相信，这扬帆破浪之间的感觉，随着年龄的增长还会伴随着他们。也许有的孩子就从这一天起爱上了帆船，也许有的孩子在成人之后才会真正开始学习扬帆，但是，无论如何，他们都会记得他们最初的尝试是在小学的五年级，那时他们人生的白帆刚刚升起在海平线上。

学习做个小水手

第九章

把教育寓于欢庆节日之中

读书一年，每经历不同节日，学校就配合举办各种活动。节日在学校也有非常重要的教育意义。通过过节，孩子们不仅能增进彼此之间的感情，学到知识，关心社会，而且，在这里，更可以受到多元文化的熏陶，可以学会尊重不同的文化、民族和风俗习惯。

57 万圣节：讨糖和募捐

万圣节是个装神弄鬼的日子，孩子们都非常喜欢这个节日。因为他们有两件开心的事可做：一是可以穿五花八门的鬼服装，二是可以挨家挨户讨糖吃。每到那天，也就是十月的最后一天，学校允许孩子们穿上各式各样的奇怪服装到学校里来。结果，你看看，有的孩子装成鬼怪，有的扮作巫婆，也有的扮成自己喜欢的书中的人物，如哈里·波特、宠物小精灵等，而爱漂亮的女孩子则打扮成仙女或童话公主，真是千奇百怪。每个班都会有以万圣节为主题的联欢会。学校还召开全校大会，让学生们进行服装表演，展示自己的奇装异服。最让我讶异的是，连老师们都会穿上巫婆鬼怪的衣服到学校来庆祝节日，脱下平日的庄重严肃而变得滑稽幽默起来。

放学以后，讨糖活动早早就开始了。下午，先是各大商业中心的商户们欢迎孩子们去讨糖。身着万圣节服装的孩子们，高高兴兴地拿着袋子或南瓜桶去各个商店讨糖。我们的两个孩子从不吃糖，但他们也喜欢凑个热闹。

吃过晚饭，孩子们开始了邻里之间挨门挨户的讨糖。我们来维多利亚的第一年，栓柱和非非到我们所住的街上去讨糖了。可是，后来几年他们就不肯出去了，而是更喜欢守在家中迎接来讨糖的小鬼怪们。那天晚上，我们早早吃饭。两个孩子连吃饭也不好好吃了，伸长耳朵注意着门铃的响声。忽然，丁冬，门铃响了，他们俩一跃而起，飞快奔到门口，打开大门，热情地给上门来的孩子们发送糖果。如果门铃好长时间不响，他们会好失望的。

在万圣节讨糖的同时为国际儿童救援会（UNICEF）筹款，是加拿大每个小学生的惯例。这个传统起源于1950年美国的费城。那里有一个班的学生，在万圣节那天，把讨糖活动变成筹款日，然后他们把筹来的17元美金全部捐献给了UNICEF。在加拿大，从1952年起，也有一些学生，按照美国学生的做法，将万圣节筹到的捐款送给设在美国的UNICEF机构。1955年起，UNICEF在加拿大也开设了分部，从此加拿大的孩子们每年都在万圣节之际为UNICEF募捐。

他们每年募捐所得的款项，都各有特定的目的和用途。记得2005年的捐款是用于为非洲的卢旺达建学校。学校在征得家长签字同意的前提下，发给孩子们一人一个特制的印有国际儿童救援会标志的讨钱盒，孩子们就拿着这个盒子四处去募捐。募捐到钱之后，由家长用支票的形式交给学校。

第一年的时候，我很怕孩子们会因张口向别人要钱而被人拒绝会觉得很没有面子。但是，既然是学校的活动，就让他们试试吧。一次经历之后，我发现这对孩子是个很好的锻炼，不仅锻炼他们敢于开口，而且还培养了他们为社会做贡献的意识。第二年，他俩都主动要求做募捐活动，希望能为非洲小朋友多讨到一点钱。与第一年相比，他们似乎成熟了许多。每到一家商店讨糖时，他们都不忘记举起UNICEF的小盒子请求商家捐钱。当然不是每个商家都愿意给钱的，他们更多的时候是遭到拒绝。虽然他们每人才得到了几块钱，但却尽了他们的小小心意。我为他们高兴。在加拿大，做公益善事的人很多，他们的举动很平常。这样从小学习做起，对他们养成关心社会的习惯一定非常有帮助。

九 把教育寓于欢庆节日之中

58 纪念先烈，播种和平理念

每年的十一月十一日，是加拿大的战争纪念日。学校与整个加拿大同步，在那一天组织纪念活动，纪念那些在两次世界大战和朝鲜战争中为加国效力的男人和女人们。我特别注意到官方材料上的用词，他们提到的不仅仅是烈士，而是所有为国家服务过的男女公民。

纪念活动大约持续一个小时，家长们可以列席参加。仪式非常程式化，但整个过程庄严肃穆。孩子们胸前佩戴红色的罂粟花列队进入会场，仪式以全体起立用法语唱国歌开场。接着，校长致词，然后是一位学生代表致词。内容大致就是让人们不要忘记为战争奉献的人们，他们用鲜血和生命为我们换来了和平与自由。然后，在音乐的伴奏下，每班有两位学生代表上来给烈士们献花圈。前台上设置了两面屏风用来悬挂花圈。花圈小而朴素，是孩子们亲手制作的。之后，还有一位老军人，在孙子的搀扶下送花圈。这位老军人是学校专门邀请来的，他是本校一位学生的祖父。老人胸前挂满勋章，神情庄重。花圈献毕，全体起立，在音乐的伴奏下，为烈士默哀两分钟。之后，高年级的孩子们到前台来唱歌。法文班用法语，英文班用英语，合唱歌颂先烈的歌曲。孩子们穿一色的白上衣、黑裤子，端庄、整齐。

随后，五年级的孩子们又上台，用朗诵的方式，向低年级的同学解释红色罂粟花的含义：色彩鲜红的罂粟花代表着大自然抵御被战争毁灭的能力，象征着被摧残的人类的希望。在过去是战场的土地上，这些罂粟花仍然盛开；它们也在烈士的墓地上盛开。最后，校长再致词，感谢学生和家长们，赞扬各位态度严肃认真，全体再用英语唱一遍国歌，悼念活动就此结束。

59 圣诞之际学历史

圣诞节前，栓柱班来到维多利亚著名的城堡参观。从孩子们进入城堡院子内的第一分钟起，我们就被带回到十九世纪，和城堡内的主人公一起度过圣诞节。

在门口迎接我们的是这家的女儿。她穿着漂亮的传统长裙，轻声告诉孩子们，现在是一八九〇年，这个城堡就是在这一年建成的，造价为当时的加币五十万元。她向孩子们解释说，她的父亲曾向母亲许诺，让她在维多利亚也能过上在故乡苏格兰一样的生活，于是动工兴建了这座城堡。可惜，父亲并没有看到城堡竣工就离开了人世。然后，她用神秘的声调向孩子们提出一个要求：进入主人家，要非常安静。于是，孩子们蹑手蹑脚地走进城堡。他们首先被引到客厅。客厅里，一个女佣正在打扫卫生。看到孩子们来了，她就招呼孩子们席地而坐，开始给他们讲述一百二十年前的生活场景。

女佣不断用提问的方式和孩子们对话。她问孩子们，每年圣诞节在家里吃些什么。孩子们说：吃鱼、吃鸡、吃沙拉。女佣告诉孩子们，这个家族每年圣诞节的节日餐谱，吃的是三文鱼和虹鳟鱼，而那时人们吃的素食是土豆和红薯。接着，她又问孩子们，是乘什么交通工具来到这里的。孩子们回答：汽车！她表示非常惊讶，因为在十九世纪时代末的那个时代，汽车还是非常有钱的人才使用的交通工具。她问他们从哪里来，花了多长时间。孩子们告诉她，在城里，车子的限速为每小时五十公里，如果走高速公路，每小时可以开到九十公里。女佣感叹汽车的速度这么快。然后，她又问，现在家里怎么洗碗。孩子们都说：用洗碗机。她也觉得特别新鲜，因为在她们那个年代是没有这种机器的。她还指着家长手里的手提电话，问这是什么。孩子们告诉她，这是电话。可是，她无论如何不敢相信电话会是这个样子的。于是，她向孩子们展示了那个年代使用的老式手摇电话机。孩子们被她的大惊小怪不时地逗得哈哈大笑，但在笑声中他们却无疑感受到了历史的进步。

化装成女佣的这位女士接着把孩子们带到另一间家庭娱乐室，让他们参观家里的圣诞摆设。那里有五彩缤纷的圣诞树，还有琳琅满目的圣诞礼物。那些精美的洋娃娃，让女孩子们看了好生羡慕。历史的生活场景在孩子们面前活灵活现地展示出来，孩子们身临其境，一边感受历史，一边学习历史。

最后，佣人把他们带到一张大桌子前，上面堆满了手工加工原料。原来，这是要让孩子们每人亲手制作一个圣诞树上的装饰物，作为这次访问的一个纪念品。

参观行将结束的时候，班里有一位孩子自告奋勇，使用这幢大宅中的旧钢琴，为大家演奏了圣诞歌曲。当孩子们走出城堡时，他们被告知，他们已经离开了那个时代，又回到了现实中的今天。

60 给孩子梦想：与圣诞老人通信

圣诞老人是孩子们的好朋友。我的两个孩子都八九岁了，仍然相信圣诞老人的存在。他们坚信，圣诞老人常年生活在北极，而在圣诞节之际，他会乘着红鼻子麋鹿拉的雪橇来到人间，挨家挨户给孩子们送圣诞礼物。所以，每到圣诞夜，他们都让我在壁炉前给夜里即将到来的圣诞老人放些牛奶和饼干，以便让圣诞老人从烟囱里下来之后就能吃上点儿夜宵。就这样，他们可以表达一下对圣诞老人的温情和谢意。

圣诞节前，孩子们还一定会给圣诞老人写信。非非七岁那年，是在学校里用法文写的信，大意是说：亲爱的圣诞老人，我这一年是非常乖的，你能不能在圣诞节给我带来我最想得到的几样礼物？我非常感谢你。接下来，他认真地列了一个礼品单。老师帮孩子们寄出所有的信。不久之后，孩子们便会接到圣诞老人的回信。这封信看上去确是圣诞老人从北极通过邮局发来的，信封上还盖着加拿大邮局的邮戳。回信的内容自然让孩子们欢欣鼓舞。圣诞老人写道：

亲爱的小朋友：

你的来信我收到了。我一直在想着你，知道你在热切地等待着圣诞节的到来。我和夫人都知道你是个非常乖的孩子，是老师心中的好学生。你的老师朱赛特女士对你这一年的成绩非常满意，为你感到骄傲。

希望你继续努力。我保证在我路过维多利亚时，一定顺道去你家，给你送一件非常特殊的礼物。同时也请告诉你的哥哥，我也会对他这样做的。

我的鹿儿们目前正在工作间紧张地工作,为我准备长途旅行用的雪橇。大麋鹿们更是繁忙,他们正在练习飞行。

现在还有很多的事要做,我将在圣诞夜去看望你。

祝

圣诞快乐

圣诞老人

其实,大人们都知道,每年圣诞节前,加拿大的邮局都有一项处理孩子们写给圣诞老人的信的专门业务。孩子们只要在信封上写上寄给圣诞老人的字样,贴上邮票,把信扔进邮箱,就可以了。许多义工会帮助邮局为孩子们回信。孩子们收到圣诞老人的回信,当然都信以为真,激动不已。这个小小的"骗局",给孩子们纯洁的童心留下了多少甜蜜的梦想!

61 庆春节：欣赏不同文化

中国的春节在加拿大并不是法定节日，也不是公众假期。所以，那一天，孩子们和平时一样去上学。可是，上课铃声一响，教室的广播中便传来了校长的声音：今天是中国春节，祝大家节日快乐。

加拿大奉行多元文化，这是一个典型例证。每个民族的节日，尽管往往不是法定假日，但社会上、学校里都会用多种方式来提醒大家，这一天是某个民族的某某节日。而且，学校会利用这个机会，教育孩子们了解、学习和尊重不同的文化。

这是我们在加拿大度过的第一个春节。这一天，我来到非非班的教室和孩子们共同欢度。走进教室，只见孩子们的小桌子已经被拼成一个大的长方桌。红桌布覆盖桌面，孩子们围桌团坐，每位孩子的座位前都摆放着一个茶杯、一个小碟子和一双筷子。桌子上方还吊着几盏灯笼，好一派节日景象。迪克森女士笑着迎接我。我不禁赞叹道："桌子摆得好漂亮啊！"老师告诉我："一切用意，就是为了让孩子们懂得欣赏这个节日。"

待孩子们安静后，老师告诉他们，她选用红桌布，是因为红色在中国文化中象征着喜庆。然后，老师把她自己积攒的各国钱币，用红纸袋包好，发给每个孩子，边发边向孩子解释说："每到中国新年，孩子们都会收到小红包，叫做压岁钱。"我正好也准备了一批铜钱状的巧克力作为红包，就和老师一起发给孩子们。

孩子们每天十点钟有个点心加餐，而今天的加餐是中国食品。我为他们准备了一些粤式茶点，包括小笼包、烧麦和虾饺。品尝开始了，老师先在每个孩子的盘子里都放了这三样点心，然后又为每个孩子倒了茶水。孩子们一般都吃过中国的炒米饭，但对广东早茶却不很熟悉，所以觉得特别新鲜。老师招呼孩子们学习用筷子夹食品，我则给他们

● 春节到课堂给孩子们讲中国风俗

做示范。他们也都照着葫芦画瓢地比画起来，但真要把食物用筷子夹入口中，那着实要费很大的工夫。孩子们看着那小小的食品，感觉十分新奇，而嘴馋的孩子就连用筷子带动手地吃了起来，挑嘴的孩子则在观望，有的孩子最终也没敢下筷子试一试。老师又招呼孩子们喝茶，她告诉孩子们这是中国人常喝的绿茶。我补充道，在中国广东一带，所谓饮茶，就是边吃这些小面点边喝茶。我没有说的是，广东人饮茶更多的是喝红茶。

我注意到老师把所有的点心都分给了小朋友，心里自责没有多带些来给老师尝尝。老师好像猜透了我的心思，走过来轻声对我说："如果你不介意，我能不能把孩子们剩下的这些点心拿回家去和我的家人一起分享？"我心中泛起惊叹和喜悦，老师真是既周到又妥帖。她问我应当怎样加热，我向她解释说，用我拿来的笼屉装上点心，隔水蒸一下就可以了。几天后，她告诉我，那天晚上，全家人

把她带回的一小笼屉点心全部吃光了，他们觉得美味绝伦。

饮过茶后，孩子们围着我在黑板前席地而坐。我带来了几样中国的图片和实物让他们看，主要是文房四宝，还有中国古建筑和服装之类的图片。老师在教室一侧的一张桌子上，也摆放了一些中国的小玩意儿，有算盘、小绣球、景泰蓝工艺品等。我们的小非非，还特意穿戴了他的金黄色的中式棉袄和瓜皮帽，样子十分可爱。

最后，我提议带着孩子们写毛笔字。老师拿出了一摞裁剪成长方形的厚厚的宣纸，发给每位同学，又把他们分成数人一组，每次有一组的同学跟我写字，而另外一些同学则做其他活动。我想，他们连汉字都不认识，所谓写毛笔字也不过是让他们对中国的传统文化略知一点儿皮毛罢了，于是选择了最简单的几个字教他们写：一人大。孩子们一笔一画跟随着我的演示，没曾想写出来却也都有模有样的。

不知不觉，一个上午过去了。我告别了孩子们和老师，走出教室。到放学时分，当我来接孩子时，我惊喜地看到非非手里拿着一个条幅走出教室。原来，下午的时候，老师让孩子们把他们早上写的几个毛笔字，用带色彩的纸垫底，装裱起来了，俨然成了一幅中国书法艺术品！

九 把教育寓于欢庆节日之中

62 文化之旅：逛中国城

过春节那几天，迪克森女士还组织了孩子们去逛中国城。维多利亚的中国城是加拿大最早的中国城，历史悠久。一八五八年，最早的一批中国人，为了淘金，来到维多利亚。到了一八八〇年，在这里发展成为加拿大最大的中国族群。现在，加拿大其他城市的中国移民大大增多了，相比之下，维多利亚的华人人数不多。再说，当地华人也很少到中国城来购物。所以，这个中国城大体保持了当年的规模，还是很小很小，从头到尾只有一条街。街头立着一座牌楼，上书"同舟共济"，街上也五脏俱全开有食品店、工艺品店、餐馆、中药铺、律师行、旅行社、保险公司等，甚至还有中文学校，各种为中国人服务的行当应有尽有。

老师给孩子们布置任务，让他们在中国城寻找一些历史文物和中国物品。老师发给大家一个长长的寻宝单，上面列有：中国城的牌楼、牌楼的奠基石、石狮子、街道里一条奇窄的小胡同"番滩里"、带有中文标志的电话亭、生姜、算盘、毛笔等。老师把孩子们分成几个小组，大家分头行动。每组都有一两位家长陪同。

带着这些问题，孩子们好奇地东张西望。在中国城的街口牌楼下，我们找到了一块十九世纪的奠基石。我来过中国城多次，但过去从来没有注意到这块放在地面上的石砖。我心中暗自赞叹老师对中国文化的细心观察和热爱。在各种小店外面，我们看到摆到了街边上的各种货物，包括中国的工艺品、文房四宝，当然少不了一些中国特有的食品。我向孩子们一一解释其名称和用途，他们觉得很新奇，不时地发出恍然大悟的惊叹声。我那一组的另一位家长，是个白人妈妈，也不断地问我那些对洋人来说稀奇古怪的各种中国食品的吃法。

中国城这条街叫"费斯阁街"。不长的街道的中部，一侧延伸出一条极其狭窄的小街道，如同两座建筑之间留下的缝隙。这就是著名的番滩里，据说是整个北美最窄的一条街。走进小街，你可以看到许多的"旁门左道"，结构颇为复杂。我曾经看过有关维多利亚中国城的介绍，据说在十九世纪末，中国城对异族人来说是"禁城"，在街面的后面隐藏着无数的迷宫式的暗道和小后院。这些区域只开放给中国人，内部设有不少赌场和黑工宿舍。当警察来搜查的时候，这窄窄的街道就很有优势，只要有人在街口好似不经意地稍微挡一下警察，巷子里的赌徒和黑工等种种非法活动中的人物就可以轻易地从这些迷宫一样的小院子里逃出去，成功躲避警察的搜索。现在，这条狭窄的街道里开了好几家工艺品商店，逛起来别有风味。

中药铺是中国城的一大特色。我们来到的这家中药铺，看起来很像电影里常见到的那些三四十年代的中药铺的样子，店面狭窄，装饰陈旧，灯光灰暗，本来已很细窄的通道上堆满了纸箱，纸箱上布满灰尘。仔细看看货架，则无论是中草药，还是中成药，以至各类补品，应有尽有。店主是广东人，六十开外，身材精瘦，有一只假眼。据说他从小跟叔叔学中医，七十年代移居加拿大，来到维多利亚后便开了这么个药铺，以给人号脉、卖中药为生，似乎生意还不错。经他允许，我们带着十几个孩子挤进店内，看药房先生给顾客抓药。只是店里的中药味让孩子们觉得古怪，有的孩子不自觉地捏起了鼻子。为了不妨碍生意，我们只在里面逗留了几分钟。

最后一站是参观中国学校。这所学校建于一九○九年，是一座典型的中式古典楼房建筑，琉璃瓦铺顶，房檐上翘，门口是白色的高台阶。整个看上去古色古香，现在它已成为维多利亚的文化古迹而受到保护。学校今天仍然还开办着各种

九 把教育寓于欢庆节日之中

广东话或普通话的汉语课程。我们全班的孩子们，在这里汇集到了一起。在老师的带领下，大家共同听了一堂中文课。一个中国老师教孩子们说：新年好！孩子们都认真地重复着：新年好！接着，中国老师又简单地向孩子们介绍了汉字的结构和普通话的发音。后来，老师给每人发了一张练习纸，让他们试写汉字。孩子们都饶有兴致地拿起笔来照葫芦画瓢地写着。上完了课，我们来到楼顶上的剧院观看中国的舞狮子。这地地道道的中国文化让生长在维多利亚的洋孩子们大开眼界。

● 中国城张灯结彩庆新春

63 传送关爱的"情人节"

所谓"情人节",其实并不是只有中国意义上的"情人"才过的节日。在加拿大,小学生们这一天都互赠卡片以传递友情。低年级的时候,节日一周之前,老师就给每个孩子发了一张全部同学的名单。每位同学在这一天都要为班里的所有人各准备一张卡片,卡片上写着美好的祝福。

商家在情人节前会推出各色各样的情人卡。有精致、昂贵的卡片,也有专为孩子们准备的物美价廉的卡片,一包三十张,五个加元左右就可以买到。可选择的设计和图画有很多种,有的是各种流行动画片里的人物,有的是动物,有的是儿童读物里的人物。情人节前的那个周末,我们带着栓柱和非非去选购情人卡。他们俩都是极其热爱动物的孩子,每次挑选图片贺卡,那一定是以动物为主题的。

回到家中,他们按照老师给的名单,给班上所有的同学和老师都各写了一张卡。非非的老师对孩子们还有特殊的要求,要每个孩子在

● 亲爱的妈妈和爸爸:鸟有翅膀是为了飞翔,而我,我有一颗心,那是为了爱你。我爱你们。
　　　　　　　　　　　　非非

卡上写几句美好的话。老师给了他们一张单子，列出了一些可供选择的句子。孩子们可以从中挑选自己喜欢的句子，有针对性地抄写下来，送给自己的朋友。

情人节那天，孩子们每人都带到学校一个小信箱，用来收集朋友们送的卡片。这个信箱是孩子们自己亲手做的，其实就是一个小硬纸盒外面包上一层花花绿绿的纸，再在纸盒上开一个信封大小的口就可以了。非非拿了一个本来是装纸巾的盒子，在外面加包了一层红纸，又在上面歪歪扭扭地画了几个心形的图饰。

回家的时候，两个孩子都得到了几十张大大小小、形状各异的卡片。他们给我一一展示这一天的收获，叽叽喳喳地念着上面孩子们天真烂漫的"情话"。非非班同学的卡片尤其可爱，上面按老师教的句子写着一些热烈的表达：

— 我非常爱你！

— 我的心是你的！

— 你是我的情人！

— 你愿做我的情人吗？

— 我把我的心给你！

— 我疯狂地爱你！

— 致我的情人！

— 你真好。

— 你是我的好朋友！

— 你是我的好伙伴！

这些句子的实际含义，并不像这里中文所表达的这样具有男女之情的意思。"爱"这个字眼，在西语里是一个含义广泛得多，也深刻得多的词汇。原来，非非他们在学习法语的过程中,正在学习如何表达"爱"。所谓"情人节",其实就是表达"爱"的节日。通过这样的节日,孩子们也在学习去"爱"他人,学习如何去表达这种"爱"。从每次的情人节中,他们得到的是"爱"的信息;在得到"爱"的同时,他们也爱父母、爱兄弟姐妹、爱老师、爱同学、爱周围和他们共同相处的所有的人。也许,"情人节"应该改译为"关爱节"。这一天的孩子们,沉浸在相互关爱的海洋之中。

  孩子们当然没有忘记为爸爸妈妈带张情人卡回来。栓柱给妈妈的一张情人卡上写道:"你将会成为一个美好得无与伦比的爱人!所以我向你请求,求求你,做我心爱的人好吗?"非非带回来的卡片上写了两句诗:"亲爱的妈妈和爸爸:鸟有翅膀是为了飞翔,而我,我有一颗爱心,那是为了爱你。我爱你们。"

● 栓柱给妈妈做的爱心节卡片
（俗译情人节）

64 母亲节的连环画

当然,还有专门向母亲表达爱的节日,那就是母亲节了。每位老师都会让孩子们准备好礼物,在那一天向妈妈致意。有一年,非非送了我一盆紫色的雏菊,我把它栽在院中,那花如孩子的生命力一般,蓬勃而茁壮,花朵怒放,经久不衰。从此,我喜欢上了这种花,每年初夏都要特意栽上一盆,放在窗前,直到寒冬来临之前,天天都可以欣赏它繁盛的美丽。栓柱历年送给我的礼物之中,有一个工艺品,是一块瓷砖做的茶杯垫,上面有他亲手绘制的一朵红花。我一直都在使用它。喝茶时,茶的温暖芳香,就像儿子的温情。他还送过我一本菜谱,这也是他们老师的创意。开始的时候,老师告诉家长,为了学习容器测量单位,需要每个孩子准备一本菜谱。结果,两个星期之后,母亲节到了,孩子们拿出了全班孩子为母亲准备的礼物,那就是一本包装精美的菜谱。

非非跟朱赛特老师那一年的母亲节,最使我记忆犹新。母亲节周日的早晨,非非从他的床底下拿出了一张他藏好的惊喜给我看,把我乐坏了。那是一张比十六开本子大四倍的硬纸卡,卡片的封面是非非用彩笔画的妈妈的肖像:黑头发,大眼睛,长睫毛。虽然看不出这张画在形象上具有我的明显特征,但我从他用大大的黑字写的标题上认出了我自己:我的母亲。打开卡片的内页,是孩子天真的话语。在左页纸上,他用几个词勾画出他所理解的妈妈的特征:妈妈,有趣,聪明,喜欢做饭,爱读书,爱散步。妈妈,你像羊羔一样的温柔。右页纸上罗列了几个形容词,表达儿子对妈妈的赞赏:令人称赞,极为有趣,美丽漂亮,和蔼可亲,非常自然。

卡内还夹着一小本连环画。老师为每幅画设定了框架,具体内容则由小朋友自己勾填。老师的要求是,每一句话都要通过一幅画表现出来。于是,我看到了表达这样一些内容的这本连环画:

—这是我的妈妈。
—我妈妈喜欢远足、锻炼和休息。
—我妈妈不喜欢壁虎、虫子,不喜欢看电视。
—我妈妈在去参加晚会时最漂亮。
—我喜欢和妈妈一起看书。
—我希望送给妈妈一次周游世界的旅行。
—我爱我的妈妈,因为她非常好。

● 非非给妈妈画的肖像

这份礼物好可爱。它可以是一份词语练习作业,像是向母亲汇报孩子学到的词语,但是,又充满了孩子真情的表达和对大人活动的天真的理解。儿子,妈妈也爱你!

栓柱那一年给我的礼物,是几页纸装订起来的一个本子。封面上贴了几朵花,写着"母亲节快乐"。本子里面有三页纸,每一页纸都是由托马斯老师命题的一段简短的文字。

第一页：我最喜欢和妈妈一起做的事情是什么？

第二页：我妈妈最高兴的事是什么？

第三页：我为什么喜欢我的妈妈？

最后还有一页是孩子为妈妈创作的一幅画。

栓柱写道：

我最喜欢和妈妈一起去露营，因为她会帮我赶走蜜蜂、马蜂和蚊子。我的妈妈非常非常非常特殊。她总是陪伴着我，她给我们准备晚饭，陪我们参观博物馆，在营帐里她陪我一起睡觉。她在营地里是那么和蔼。

我的妈妈最高兴的时候，是她看我独立完成作业和她看到我记得还掉所有图书馆的书。她是最好的妈妈。

我非常感激我妈妈，因为她给我做我爱吃的饭。她真的非常好。

那年栓柱才八岁。语言虽然很简单，但是，当母亲的看了，心头的温暖和欣慰，却是远远胜于任何语言所能表达的。

65 父亲节:"我的爸爸完美无缺"

父亲节比母亲节晚一个月,孩子们当然要一视同仁。老师们也都绞尽脑汁地想出各种花招,让孩子们为父亲准备礼物。

朱赛特女士教非非的那年,非非的礼物和母亲节的礼物形式上是一样的,只是内容有所不同。还是那么一张大硬纸卡,封面上爸爸的肖像是用毕加索风格画的立体肖像。连环画上写着:

—— 这是我的爸爸。
—— 我的爸爸喜欢工作、散步和休息。
—— 我的爸爸不喜欢蛇,不喜欢我的毛公仔青蛙。
—— 我爸爸和妈妈跳舞时非常漂亮。
—— 我喜欢和爸爸一起在索图游戏中寻找昆虫。
—— 我想送给他一辆豪华加长轿车。
—— 当爸爸和我一起收拾我的房间时,我很爱他。

接下来,又是用许许多多的形容词来描述他所理解的父亲:我的爸爸,强壮,敏捷,完美无缺,有艺术感,温文尔雅,和蔼可亲,干净整洁,聪明,勇敢,幽默,善解人意……我喜欢和爸爸一起玩儿。

卡片的最后一页,是他给父亲的一封信。

九 把教育寓于欢庆节日之中

亲爱的爸爸：

　　你是一位聪明的爸爸，敏捷而神奇。我喜欢看你和妈妈跳舞，喜欢听你和妈妈讲话。你有一双美丽的棕色眼睛。是为了你，英雄们杀死魔鬼。你像牛一样健壮。

你的儿子　非非

　　看到他写的卡片，我们都禁不住大笑。这里的表达，大多是事实，有的则是他的想象，还有的则不知道他是怎样得出那些想法的。但是，无论如何，在一派天真烂漫之中，儿子对父亲的崇敬和深爱，明确有力地表达了出来。

　　其实，这些描写、形容的方法来自于老师。我知道，老师这学期一直在教他们这种写作技巧，就是使用大量的形容词来描述人物和事物。有趣的是，后来他用同样的手法给老师写了一个告别卡片。这在后面我会写到。

　　栓柱那年给父亲的礼物，与给母亲的有所不同。那是一张自制的卡片，封面上写着"祝父亲节快乐！"，里面写了小小的一首诗：

●非非画的毕加索风格的爸爸肖像

　　这张小小的卡片，
　　给你带来美好的祝愿；
　　爸爸是我最爱的人，
　　一年又一年。

66 每个人的生日都是全班的节日

孩子们的生日如果正好赶在上学期间，老师是不会忘记的。记得我们来维多利亚的第一年，非非就收到了他的老师迪克森女士和同学们送的一张生日卡。第二年他生日那天，又从学校带回了他的朋友杰顿写他的生日贺卡，上面写着："亲爱的非非，你是一个小帅哥，敏捷、聪明又和蔼可亲。你的朋友杰顿。"有一天，我到非非班上去给老师帮忙，目睹了丽贝卡小姑娘的生日会。这周是丽贝卡的生日，老师利用星期五下午放学前的一小段时间，带领全班的孩子为她庆贺七周岁生日。

"亲爱的朋友们，"法文班的老师从来都是这样称呼孩子们的，"咱们来为丽贝卡庆祝生日了。来来来，大家围成一个圆圈，让丽贝卡站在圆圈的中间。"老师招呼着。孩子们听话地按照老师的要求站好，小姑娘站到了中间。老师指挥着，先为她唱道："祝你生日快乐，祝你生日快乐，祝你生日快乐。亲爱的丽贝卡，祝你生日快乐！"圆圆脸的丽贝卡满脸高兴，鞠躬向大家说"谢谢"。在学校里，包括玩耍在内的任何事情，从来都是和学习联系在一起的。这时候，老师让孩子们通过做一个文字游戏来表达对小姑娘的生日祝福。老师要求，每个人用法文以"为了你"做开头造一个句子。第一个小朋友说："为了你，鸭子呱呱叫。"第二个小朋友说："为了你，外面下雪了。"第三个同学则说："为了你，春天到得早。"当每位同学都说完一遍后，一位孩子拿出了为丽贝卡制作的生日贺卡，宣读生日卡上的祝辞："我的好朋友，祝你幸福、快乐。"丽贝卡高兴地接过生日卡，再次鞠躬向她的朋友们表示感谢。之后，老师说："我们把丽

九 把教育寓于欢庆节日之中

贝卡高举起来。"于是,同学们有的托着她的肩,有的抬着她的腿,齐心协力一起把她托举了起来,大家还齐声高呼:"哦、哦、哦……"

活动并不长,十来分钟就结束了。大概每次的程序都差不多,因为孩子们似乎对这一程序很熟悉,但他们仍然觉得很好玩。过生日的孩子因为受到极大的重视而非常开心。

第十章

家长是学校的无冕之王

在加拿大，无论学校是公立的还是私立的，家长对学校事务的参与和监督都非常重要，也都有一套健全的制度。特别是公立学校，学校事务的每个方面，都有家长的参与；校方的任何重大决定或者变动，也都需要征得家长的同意。家长的这种参与和支持，不仅对于学校的发展是很重要的，而且促进了学校与家长在儿童教育中的密切配合，对于孩子的成长也是极为关键的。

十　家长是学校的无冕之王

67　家长也是学校的管理者

家长参与学校事务的一个重要桥梁，是家长咨询委员会，英文简称PAC（我们不妨简称之为"家长会"）。**每一个学校都有自己的家长咨询理事会，它的主要任务是促进学生的家庭与学校之间实现有效沟通，鼓励家长积极参与学校的活动和决策。**这是一种非营利组织，所有的学生家长，包括有孩子在这所学校上学的教职员工，都是这个咨询理事会的当然成员。而日常参与理事会执行工作的常委会成员，则全部是家长之中的志愿者，不拿一分钱的报酬。

"家长会"有一部如同法律一样的章程，规定了它的名称、任务、目的、会员、执行委员、执委会、选举程序、任命、全体会议、法定人数、机构变更条件、运作程序、资金、行为守则以及解散机构的程序等，内容非常具体翔实。比如说，家长会的目的、章程是这样规定的：家长会的目的在于让家长们参与对学校以下方面的审理、讨论和建议：学校的政策和工作程序、课外活动及服务、学校设施和设备、社区的整个教育状况、学习资源和学校规划。

"家长会"设执行委员，他们包括主席、副主席、秘书和司库。此外，还任命有家长会代表、"家长会新闻信"编辑和接听家长电话协调员。这些人员如何选举、如何任命，以及他们应当承担的责任与义务，也都在章程中有明确规定。

家长会的活动资金，是家长们通过筹款得来的。这些资金支撑家长会的运作，比如编辑印刷"新闻信"。更重要的是，家长们还通过筹款来帮助学校进行一些建设项目，例如图书馆的建设、一些设备的更新等。公立学校的财源是靠政府拨款，但学校并不单纯依赖政府拨款。当然也不可能乱收费，搞什么"创收项目"等等。这在加拿大的小学教育中是难以想象的。另外的一个重要财源，就是家长会为学校所组织的筹款活动了。家长会年年为此付出重要的努力，做大量的工作。

家长会每月开一次会，一般是每月的最后一个星期三的晚上。家长会执行委员和代表们，有义务参加这个会议；而学生家长作为家长会的成员，也都有权利自愿参加会议。

学校里每个班都有一位班级家长代表参加家长会的每月会议。不过，他们不是选举出来的，而是家长自愿出任的。班级家长代表的任务，在家长会的章程中也有明确规定：第一，征集和发放这个班级学生家里的电话和电邮地址，以便家长之间相互联系；第二，参加每月的家长会例会，从而了解学校的情况，并和班里的家长们分享；第三，组织一年一度的圣诞义卖活动；第四，在老师的要求下，协助班级活动。班级代表不一定只是一个人，如果几个家长愿意共同承担这项责任，那也是可以的。

十 家长是学校的无冕之王

68 "家长会"每月例会面面俱到

家长咨询委员会的每月例会,是家长会最重要的活动之一。会议讨论的议题,都是关于学校的建设、制度、问题等,或是由家长提议相关议案,或是执行委员们有了议案想听听家长的意见。既然所有家长都是这个委员会的当然成员,理所应当,会议是向全体家长敞开大门的。会议总是安排在每月的最后一个星期三的晚上,七点到九点钟。每次来参加会议的家长并不多,少则十来个,多的时候大约有二三十人。参加会议的人很随便,想来则来,不想听则可以随时走,没有任何限制。不过,会议的过程却有板有眼,郑重其事。校长、副校长正襟危坐,专注倾听;家长会的主席、副主席各坐一端,主席旁边还有位专职秘书用电脑作会议记录。

会议的程序也是很正式的。会议一开始,主席先让每个到会者自我介绍一下,告诉大家自己的姓名,有几个孩子在这个学校读书,在哪个年级哪个班。每次听完家长的介绍,我都注意到,来参加会议的家长,无一例外都是法文班的家长,只有我一人有一个孩子在法文班,一个孩子在英文班。由此可见法文班的家长对孩子教育的重视程度。参加会议的人还有一个特点,那就是全是白人。我一个亚裔在那里,似乎有点儿特殊。平日在校园中,可以见到那么多白人之外的不同种族的人,为什么在家长会的例会上却一个也没见到了?作为华人家长,我知道,华人是特别重视孩子的教育的,为什么他们从来也不来哪怕是听听会议?是语言隔阂,还是文化问题使得他们没有兴趣参加这样的会议就不得而知了。

会议在学校的音乐教室举行。进门的地方,放了一张长桌,桌子上摆着纸笔,请每位到会者签到。这旁边则摆放着当晚会议的议程表和会议内容的相关资料,每人可以随手拿一份阅读。这天晚上的一个主要议题,是由校长介绍下学年学生分班的程序,然后家长提问。会议通知上特地写明,会议只是讨论一些程序问题,而不是商讨学生个案。校长简明扼要,谈了学校在分班时如何考虑,何时进行,有哪些不确定的因素,家长应该如何表达他们的要求等等。校长强调:有问题,找校长,办公室的大门向家长敞开,学校会尽力满足家长的要求。

在几位家长提问、校长回答之后,这个议题就结束了。下一个议题,是有关家长会网页征求意见。执委会准备建立一个网页,希望知道家长们想在网页上看到些什么内容。家长们七嘴八舌提了很多建议,还有几个家长主动提出,网页设计的某些工作他们可以协助。

会议开到这里,大家休息。这个休息不是干坐着。音乐教室的一侧,有电炉、微波炉、咖啡机、冰箱和洗碗机,执委会有位委员早在一旁给大家准备了甜点、咖啡和一些清淡的饮料。大家一边吃着喝着,一边和熟人聊聊天,校长也趁机穿梭于家长之间联络感情。家长是学校的上帝,校长要好生关照每一位。趁这工夫,一位家长还摆了一个台子,拿出一些清洁剂供家长看。这并不是用来售卖的,而是为了告诉家长,可以去一家卖这种产品的店里购买清洁剂,这样学校可以得到百分之十的回扣。实际上也就是为学校筹款了。

后面一个小时的会议,是听取家长在学校建设和管理方面的倡议。每次会议之前,执委会必会事先征集家长们的意见,把他们的倡议或提问放入会议议程。这次会议上,来自家长的倡议有七八项,其中重要的有:关于建立保护食物过敏学生的具体规则,在每班如何处理学生的食品垃圾、是否可以用来积肥,如何维护好校区周围的交通安全。每个倡议提出后,主席都会问大家:有谁附议? 一般都有至少两三个家长举手附议。按程序,必须有人附议,会议议案才能成立;而议案成立之后，才能进入会议讨论议程。

　　有的倡议很简单。比如有个关于学校的油漆粉刷的议题，其实就是一个家长提出来，如果学校进行这方面的工程，她作为内行人士愿意为学校提供无偿的咨询服务。这个当然大家都没有意见。还有一个问题，是关于法文教学的问题。我开始以为这个话题会很大，但是实际上只是有一个家长提出一个问题。他想知道，学校所教的法文，是魁北克式的，还是法国式的，而学校在教学大纲上对此有什么具体规定。这些事看起来似乎鸡毛蒜皮，但家长对学校的关心和参与却随处可感。

69 更换中学先征求家长意见

我们孩子在上二、三年级的时候，刚开学没几天，就接到通知，请法文班家长到学校开会。会议之前，我一直在揣测，学校有什么事情，要对我们讲些什么。

会议一开始，维多利亚六十一学区管理委员会的一位负责人，向大家介绍了情况。事情是这样的：校景小学法文班的学生在完成小学学习后，按原来的计划是集体转入雪松岭中学；但是，随着法文班学生数量的迅猛增长，这个中学的学生也大量增多，目前规模已达到七百多学生。按照本省的要求，一所小学的学生数量，一般为两三百人，初中为六七百人，高中可以达到八九百人。这就是说，雪松岭中学已经到了满额的上限，今后几年如果再有一些小学的学生升入此校，学生就会超过限额。为了缓解这个矛盾，必须寻找另外的中学，在那里开设法文班。学区管理委员会已经决定，在岩梨树中学开设法文课程。这就是说，从明年起，校景小学法文班的毕业生，不再像往年那样集体转入雪松岭中学，而是要转入这所新设法文班的岩梨树中学了。据介绍，选择这个中学开办新的中学法文班的理由有两个，一个是因为校景小学英文班的学生是集体转入这所中学就读的，另一个原因是这所中学的校舍有宽敞的课室，具备良好的硬件。

这位负责人告诉家长们，这个计划很紧迫，因为明年九月份就要在那里开设新的中学法文班，而这次的会议只是完成这个决定的整个程序的开端。她今天的目的，就是向家长通告这个情况，以便看看家长们对这个决定的反应。如果校景小学的家长们大体上不反对，他们就会继续朝着这个方向进行下一步的工作。

十 家长是学校的无冕之王

每每遇到这种场面,我总是感叹家长们的参与精神。家长们发言很热烈。有的很高兴,因为他们知道岩梨树中学本来就是一所名声很好的中学,另外全校英文和法文的所有学生一起转入那所中学,孩子们不会失去朋友。有的一家兄弟姐妹有在英文班的,有在法文班的,这样一来也可以进入同一所中学了。特别是家就在那所学校附近的家长,想着孩子将来就在家门口上学,更是乐意。但是,也有的家长担心,新的学校刚开始时法文项目的规模小,资源可能不够充足,师资力量会不会比较薄弱。

负责人安慰家长们说:无论如何,这样的讨论今后一段时间内还会继续举行,他们希望尽可能多地听到家长们的想法,使所有的方案都能得到充分的讨论。她许诺,在这件事情的整个运作过程中,家长们有任何问题和意见,都可以通过电邮或电话直接与她联系。她还透露,下一步,他们还要征求岩梨树中学家长的意见。增加法文班后,学校的人数会比原来增加一些;如果那所学校的家长们对此极力反对,这个计划也可能会改变。同时,他们也会征求岩梨树中学附近居民的意见,因为学校规模扩大后,车流量和人流量都会增加,附近居民如果表示强烈的不满,也是一个不利因素。

还好,这个过程似乎还都顺利。就这样,经过一年的筹划、安排和沟通,第二年的九月,岩梨树中学法文班终于开课了。

70 教师居然也罢工

二〇〇五年至二〇〇六学年开学还没几个星期,教师工会给家长们发来了通知,告诉我们他们将要罢工。原来,教师工会最近在与政府谈判,要求三年内把全省三万八千名中小学教师的工资提高百分之十五,理由是避免本省的师资外流。谈判已经进行了几个月,但由于政府与教师工会的想法之间差距太大,一直没有办法达成协议。于是,教师工会决定给政府施加更大的压力,如果一周后政府再不让步,全省所有公立学校的教师就会举行大罢工。他们说,罢工将分为几个阶段,第一个阶段的罢工不影响教学,只是停止教学之外的所有其他工作;如果政府仍然没有退让,行动则会升级为停课。

不幸的是,两周后的星期五,包括停课在内的教师大罢工真的开始了。

对这一罢工行为,家长们的看法很不相同。很多家长虽然觉得罢工给他们的生活和工作带来极大的不便,但仍然对教师持同情态度。但也有许多人,特别是华人家长,则对教师的行为极为不满,觉得他们太过分,影响了孩子的正常学习,也影响家长的工作。的确,那些双职工家长,他们手忙脚乱,到处找地方托送孩子,而且还要额外花钱。有些家长不得不拿出自己的假期来陪孩子。小学生所受的影响还不算太大,可中学生就不一样了,他们面临着各种各样的报名、复习、考试等等,停课很可能直接影响他们的升学考试。许多学生和家长心急如焚。

省政府为此向法院起诉教师工会。结果,根据加拿大的有关法律,法官裁定这次教师罢工是违法的。于是,政府要求,对工会的罢工行动,每天罚款一百二

十　家长是学校的无冕之王

十万加元。可是，教师工会一点儿也不示弱，表示决不会向政府让步，也不理会法院的判决。谁是谁非，如何解决问题，一时更成为全社会关注的焦点。出人意料的是，省法院在进一步审理并决定如何惩罚违法发动罢工行动的教师工会时，宣布的措施是冻结工会用以支持罢工人员的资产。一般来说，罢工时雇主是不发给雇员工资的；为了弥补教师们罢工期间的个人经济损失，教师工会每天发给每个罢工教师五十元的津贴。法院判决的意思是，教师工会不可以给教师发放这笔津贴。判决一出笼，大家都为之叫好，因为这样一来，法官摆平了劳资双方，既没有听从政府的要求，也没有把工会的路一下子完全堵死，给教师继续与政府谈判留下了余地。

罢工持续了两周半。后来，社会舆论对政府和教师的压力越来越大，政府最后找了一个调停人出面与工会斡旋。这是一位资深的调停专家，他曾经成功地解决了政府与其他工会的纠纷。他的出面，使形势变得乐观起来，全社会翘首以待。结果，经过两天与双方的艰苦谈判之后，政府终于在财政上做了小小的让步，工会也在给予政府的时间上做了妥协。于是，孩子们在停学两个半星期后，终于又回到了校园。

71 罢工期间的家长、学生自救

在罢工期间,最着急的当然是家长。第一个星期过去之后,教师罢工似乎没有任何停止的迹象,于是,在几个家长的建议下,由一位热心的妈妈出面组织,非非班的学生们组成了一个学习小组。学习小组的时间是星期一、三、五,上午九点半至十一点半,地点则是轮换到各同学家。在这个时间表里,孩子们九点半到十点十五分上法文课,朗读课文和默写生词;十点十五分到十点四十五分休息半小时,吃点心、喝水;十点四十五分到十一点半,学习数学,做习题。每天轮流由两个家长当老师,一个教法文和数学,另一个则帮忙做助教。

第一天的小组活动在凯尔童同学家,来了大约十个孩子。在家里憋了一个星期,孩子们见面都格外高兴。今天的老师是凯尔童的妈妈。她家里还有一个三岁的小女孩需要照顾,另一位做助教的妈妈就在旁边的一间屋里负责看管这个孩子和其他一些孩子的弟弟妹妹。

孩子们都蛮乖的。虽然他们很想玩,但家长叫他们坐下来学习了,他们也都乖乖地坐了下来。孩子们建议,像在学校里一样,分小组练习朗读,然后再由凯尔童的妈妈带读。家长就按照他们的意见办了。妈妈们都不是专业教师,甚至有的法语单词还需要查字典。这都没关系。家长们最大的愿望,是能让孩子们保持住仅有的一点点法文水平,不要在教师罢工期间把它全丢了。

第二次的活动是在我家。因为我会讲法语,所以我来当老师,安德鲁的妈妈当助教。还有一位妈妈,则带着弟弟妹妹们,在另外一家一起玩。看得出,一个多星期不去学校,孩子们的玩瘾比上次更大了。一见面,他们就冲到玩具室,不管三七二十一先玩了起来。还好，等我们一声令下，他们也能乖乖地开始学习。经过十来分钟的小组练习后，我带他们一起朗读，并讲解课文中的生词，并提些问题看看他们真懂了没有。孩子们有问必答，说起话来摇头晃脑，很是可爱。

吃点心的时间到了，学生们都像上学时一样自带饮用水和零食。安德鲁的妈妈还特意带了些亲手做的蛋糕给孩子们，我也为孩子们准备了果汁。孩子们高高兴兴地吃完点心就又一窝蜂似的玩去了。上课的时间到了，我们又一声令下，他们就回到了自己的座位上准备做数学题。

数学习题也是一位妈妈自告奋勇为大家准备的。大家七嘴八舌，一会儿就把十来道习题做完了。我们一看表，还有半个小时呢，怎么办？安德鲁的妈妈只好临时想些题目让孩子们去做。比如用法语数数，先是顺着数数，然后隔一数数，隔二数数，再做些简单的乘法等，终于消磨掉了这半个小时。

还好，罢工时间不长。学习小组虽然只活动了两次，我却充分体验到了家长们的团结精神和对孩子的责任感。

72 校长未尽职被家长解雇

一年深秋的一天,我们接到一张通知单,说学校里发生了一起对学生不轨的性骚扰事件。具体的来龙去脉没有详述,学校只是告诉家长,如果发现孩子放学回家后情绪上有异常,要考虑是否受到了性骚扰。同时,学校还提醒家长教育孩子,如果发现校园里有不正常的性行为,应当及时向家长和老师报告。当时我觉得有点可怕,但好在我的两个孩子都在二、三年级,而这件事发生在四、五年级学生当中,所以也就没有太在意。学校表面上也风平浪静,家长们并没有议论纷纷。我们以为事情就这样过去了。

第二年三月底的一天,家长们接到了维多利亚六十一学区的通知,告诉我们,来学校工作还不满一年的新校长,下个月就要离开这间学校了。这让人有些惊愕,不知道原因何在。又过了一个星期,我们参加了学校的家长咨询委员会会议,终于明白了事情的真相。

原来,一位五年级的男孩,由于在家受到性骚扰,心理变态,于是在学校的厕所里对别的孩子施以同样的行为。校长得知后,做了一些工作,但并没有彻底解决问题,这个孩子没有因此停止他的行为,致使更多的孩子受到性骚扰。受害学生的家长,对校长处理不得力非常不满意。于是,通过家长咨询委员会,家长向学校的上级单位即六十一学区管委会作了投诉。就这样,在家长会的强烈要求下,校长因为这件事情而被解雇了。

但是,家长会就此采取的行动并没有因此而罢休。因为,重要的是防止此类事件再次发生。解雇校长并不能解决这个问题,而受害者最终还是孩子们。那天

十 家长是学校的无冕之王

晚上，咨委会召开的家长会，不仅仅是要家长们了解事件真相，更重要的是要和家长商讨应对和防范措施。学区目前并没有政策和规定来解决孩子们之间可能出现的性行为问题；关于孩子在家庭内部受到虐待的界定与解决方式的规定，也自一九九二年以来就一直没有重新审定过。借此机会，家长会执委会敦促学区建立并完善相关规定。家长们对此都持积极支持的态度，那一天参加会议的家长很多，讨论的气氛很热烈。

73 与校长不打不成交

栓柱和非非在校景小学时，前后经历了三位校长。第一位，在我们来后的第二年就退休了；第二位则被家长们炒了鱿鱼。这第三位来接任的校长，是从一个刚刚被关闭的学校调来的，孩子和家长们都称他为卡多先生。

卡多先生每天西装领带，游走在校园的各个角落。放学时，见到每一位家长，他都点头问好；见到他熟悉和认识的家长，还会和他们握握手或拍拍肩膀，显得关系很亲密。见到孩子们，他也常常摸摸孩子的头，或和他们开两句玩笑，看上去是一副亲民作派。每当学校举行游乐活动，他都身先士卒。记得有一次，他在游乐晚会上当靶子。孩子们掷球，如果那球正好打在了一个机关上，卡多先生就会从高处掉进一个大水缸里。这个游戏是那晚最受欢迎的。每当孩子们看到卡多先生落水，就会爆发出一阵笑声。那是在室外的活动，当时的气温不足二十摄氏度，可想而知那水的温度。那天晚上，卡多先生就这样不知道有多少次掉入水中，赢得大家的一阵阵欢笑。

尽管如此，他在家长们的眼中仍颇有瑕疵。听说他不大会与家长沟通，有些事处理得也不太恰当。

我和他打交道是为了栓柱。栓柱的同年级同学里，有位大脑有些问题的孩子，叫杰卡。他多次骚扰栓柱，令栓柱很不愉快，甚至怕他，见到他就躲起来。五年级要重新分班，我很担心他们会再次分到同一个班里，于是为此求见卡多先生。我上来开宗明义，说我是来谈关于杰卡的问题的。他马上反驳说："你只能谈你自己的孩子，而不是别人的。"我想，也许我的表达有问题，于是向他详细

十　家长是学校的无冕之王

地说明了事情的原委，并明确提出，希望五年级时，两人不要分在同一个班上。这位卡多先生又一次教训我说："你不可以提出哪个孩子应该或不应该和哪个孩子分在一个班里，我们学校会全盘考虑的。"为了缓和气氛，他说："你可以让栓柱来找我谈谈，我会告诉他如何处理好这些问题。"我不完全了解学校的规矩和惯例，一时语塞，不知道如何对答，但又对他的不理解和不合作态度感到气愤。

走出他的办公室，我感到郁闷得很：难道此事就没个地方可以说话了吗？那我就去学区告状。可转念一想，县官不如现管，到那种官僚机构去告状，他们还要查清事实，等到要解决问题，恐怕就为时已晚了。我又想到了家长咨询委员会，决定先向他们试着求助，看看能有什么结果。几天后，我把一封求助信放入了家长咨询委员会的信箱，静静地等待结果。

信刚刚投放出去的第二天上午，我在学校的楼道里遇见了卡多先生。他老远就向我打招呼，然后急速走到我面前，凑近我的耳边，很神秘地对我说："你有问题找我就行了，不必找他们家长会。我手头有资源，了解情况，能够解决问题。"我拿不准他这番话的意思是责备我还是讨好我，十分纳闷。下午接孩子时，我又见到了他。他忙把我请到办公室里，非常有礼貌地让我坐下，转身把门关紧，在他的办公桌前绕了大半个圈，然后转身对我说："廖女士，我向你保证，栓柱五年级时绝对不会和杰卡分到一个班里，请你放心！"我心里直乐，没想到我的信起到了这么大的作用，事情就这么简单地解决了。

通过和校长这两个回合的交道，我懂得了：在这个社会，你有要求就要大声讲出来，让各方的人士知道。只要是合理的要求，就可以因此得到解决。

后来，我听栓柱和一些老师告诉我，卡多先生很关照栓柱。课间休息时，他常常与栓柱聊天、逗趣。自那以后，卡多先生每次见到我，也都特别热情，甚至有时还拍拍我的肩膀，凑近我问："最近怎么样？"看来还真是不打不成交。

74 茶会答谢家长

五月下旬，春暖花开，正是维多利亚享受阳光的季节，也是一个学年快到尾声的时候。这时候，学校总要开一个茶会，答谢那些为学校义务工作的家长们。

请柬几个星期前就发到了家长们手中。我是因为常常在周五的意大利饼日去给孩子们发饼，因此也在受邀之列。茶会一般安排在某个下午孩子们放学之前的前一个小时。校长先上来感谢各位家长对学校的大力支持。然后，几个班的小朋友走到台前，给家长们演几个节目，大多是唱歌，也有跳舞的。最热闹的是，专门有一个舞蹈，是孩子们请自己的爸爸妈妈上来共舞。父母们被孩子邀请后，都兴高采烈地走到台上，跟在孩子们的后面比比画画，好不开心。

节目结束后，就是招待家长们喝茶了。学校为此安排得很精心，茶会上除了茶、咖啡和其他饮料，还摆上了几大盘精致的甜点。对家长们来说，这更是一个社交时机。妈妈们三三两两，吃着聊着，直到下课铃声响了，家长们才逐一散去。

同样，家长咨询委员会也要组织一次答谢午餐会。家长们自愿参加，来者必须带一样自己准备的菜肴，和老师们共进自助午餐，以感谢老师们一年来对孩子们的关照和教育。

第十一章

募捐：从小做起的公益活动

公民社会在加拿大的日常生活中到处都能体现出来。政府不可能包揽一切，公民的自发组织因此就非常重要。加拿大人常常组织很多方面的各种社团，以义工的形式为社会服务。在学校里，从家长们身上，也能强烈地感受到这一点。学校是一个集体，也是一个家。家长们齐心协力，帮助建设学校，是为自己的孩子，也是为了整个社会。

搞活动很难离开钱。但是，一般的公民社团也好，学校和家长会也好，并不会为了筹钱搞活动而以营利为目的。这方面，他们的一个重要办法，就是募捐。募捐活动是学校生活的重要内容。家长咨询委员会也是如此，不仅年年号召家长为学校主动捐款，还不断地组织各种募捐活动。

除捐钱之外，还有捐赠旧衣服。低年级的孩子经常会把衣服不小心弄脏弄湿，在学校里的时候，这怎么办呢？学校的仓库里就存放了一些旧衣服，可以临时给孩子换上。那就是家长们捐赠的。当然，捐赠的衣服还会有更广泛的用途，我们后面会谈到。这就成了习惯，许多家长都会把一些孩子穿小了的衣服拿到学校去，所以这种资源是源源不断的。即使有时库存的衣服突然减少了，学校只需向家长们通知一声，马上就会得到许多家庭的响应。不过几天，学校的仓库里就又放满旧衣服了。

十一 募捐：从小做起的公益活动

75 圣诞节前学校里的集市

圣诞节前的义卖是一项重要的募捐活动。这项活动总是办得轰轰烈烈，特别有节日氛围。每年一次的义卖可谓一举多得，为学校募捐，为各班募捐，让孩子们为家庭成员选购圣诞礼物，还等于办了一个节日的大派对，好处多多。

义卖活动由几大部分组成，一部分是为各班集资的活动。各个班都有小柜台，柜台就设在各班教室的门前，卖各种各样的圣诞礼物。这些物品是班上的孩子们和家长捐献的旧物——其实整个义卖活动的物品大多是旧货。抽奖活动是各班集资的又一个办法。每个班都有一个价值上百元的奖品篮，一般五毛钱可以购一张抽奖券，中奖者就可以得到这些价值很高的奖品。每个班都会为自己的抽奖篮设立一个主题，如美味的下午茶、户外活动、海滨度假等，然后班上的学生和家长们就根据这个主题来奉献一两样与之有关的新物品，最后把这些物品集中到一个大篮子里，用透明塑料布包上，用红带子扎上，想得到这篮奖品的人就买几张奖券。这两部分所得到的收入，都会成为每个班级自己出游的活动经费。

另一部分是家长咨询委员会为全校举办的捐款活动。这里面，最主要的是销售糕点，货源来自于全校学生家长捐赠的自制糕点。这些糕点在义卖的头一天送到学校，组织销售糕点的家长把这些点心用透明塑料布包好并扎上绸带，包成漂亮的一碟碟的礼品，标好价格，供大家第二天选购。还有一个活动叫作无声拍卖。所有拍卖品当然也都是家长们捐献的，物品五花八门，有玩具，有家庭生活用品，也有艺术品，包括家长自己创作的艺术品，总共不下几十种。每样拍卖品前放一张表格，欲购买者填写上自己的姓名、电话号码和愿意出的价格。别的人可以接着往下填写，当然所出的价格要高一些。到义卖活动结束的时候，看一看这件物品的单子上谁出的价格最高，谁就可以把这件物品买回家了。

从11月初起，孩子们就对圣诞义卖翘首以待了。义卖开始的头两个小时，是孩子们的专场。这是他们选择圣诞礼品的时间，孩子们可以用几毛钱到三五块钱的低廉价格，为自己的家人选择圣诞礼物。**其实，礼物本身的价值并不重要，而从中培养出的家庭亲情观念却可以春风化雨地伴随孩子成长。**每到这一天，我们都会给两个孩子每人五到十元的预算，让他们给家里的每一个成员挑选礼物。礼物买回家，会偷偷地收藏起来，在圣诞节那天拿出来给人一个惊喜。这是个甜蜜而温馨的游戏。我们虽然不是基督徒，但也都盼望着这个亲情荡漾的节日。

所有的家长和孩子们既把这个活动作为一次快乐的聚会，也把对学校应有的支持赞助当作一种义不容辞的义务。几乎所有的家长都会来到自己孩子班的柜台上，买一两样小玩意儿和几张抽奖券。能否得到奖品并不重要，重要的是为孩子的班级做一点儿捐赠。每家几块、十几块钱，集合起来，孩子们就可以办各种有趣的活动了。每次的义卖都是成功的，每个班都会收获大约两三百加元。老师用这些钱为孩子们组织外出活动，减少了孩子们的经济负担。学校也会募捐到上千元，这些钱可以为学校购置数量可观的一批图书。

十一 募捐：从小做起的公益活动

76 齐心协力集资兴建学校游乐场

学校要建一个新的游乐场，原因是现有的高年级游乐场（另外还有一个低年级游乐场）在安全上虽然没有问题，但已经过于陈旧。最主要的是，当年兴建这个游乐场的时候，对象是五、六、七年级的孩子，而现在中小学改制以后，六、七年级都转入初中了，小学的最高年级就是五年级。对三、四年级的孩子来说，这个游乐场的一些攀爬设备就不大适用。建设新的游乐场预算为两万八千加元。校区管理委员会拨款一半，14250加元，学校还需要自筹资金13750元钱。负责整个工程的筹款和修建的，是学校家长咨询委员会。他们的计划是，在暑期前筹到所需的款项，然后寻找建筑队安排施工。

家长会确定的筹款办法主要有两种。第一种办法是请家长们直接捐款。他们的募捐广告做得很聪明："我们的目标是13750元，这看起来很多，其实每位学生捐献35元就能实现目标。"第二种办法是举办游乐会，让孩子们在游乐中捐钱。

初夏的六月，在学年结束之前，家长咨委会举办了游乐晚会。与以往一样，游乐会所有的活动都是由家长做义工来承担组织和安排工作的。游乐晚会的活动，数起来不下二十种，有钓鱼、踢球、卡拉OK、走迷宫、气垫弹跳床、画脸等等。晚会上还卖食品，除了晚餐要吃的BBQ（烧烤），还有小吃和各种饮料。

游乐晚会入场免费，但孩子们每参加一项游艺活动都要买票，五块钱十张。不同的活动，要的票数也不一样，有的活动要交一张票，有的则要交两张。如果一个孩子要把所有的活动都玩上一遍，怎么也要花上个十来块钱。此外，还有抽奖活动。一篮一篮精美的礼品摆在桌子上，你喜欢哪一篮，就花五毛钱买一个签，抽到奖品的人当然很开心。还有类似圣诞义卖时的那种无声拍卖，也在悄然进行。

BBQ的售卖早就有所准备，定购单提前好多天早早地发给了孩子们。这样一来，大致准备多少食品就有数了，不至于浪费。内容主要是各种汉堡包、热狗和薯条，这是北美特色。

孩子们玩游艺活动的最大动力，在于得到奖品。奖品从哪儿来呢？那就是各个家庭捐送的旧玩具。在短短几个星期的时间里，家长会就收到了堆积如山的捐赠品。孩子们把参加游艺活动时得到的奖券积攒起来，用来换取自己喜欢的各种玩具奖品。

这场游乐晚会的募捐非常成功。从家长咨委会给大家的感谢信上，我们知道，学校这次募集到了11000元！这万把块钱，其实来自全校学生和家长的参与。

有了这笔钱，兴建新的游乐场已经成为现实可行的了。家长会在学校的门厅里立了一块很大的白板，上面展示出了将要兴建的游乐场的彩色效果图。脚手架、攀岩架、高梯、滑环等等，连环相套，高矮相叠，色彩斑斓，孩子们无不被这新游乐场的图景所吸引，都期待着它早日建成。图纸的旁边，张贴出捐钱的方式：每一个孩子都能领到一张捐款表格；你也可以直接写一张支票，放在信封里，在信封上写上"新游乐场"的字样，支票开给维多利亚政府第六十一学区。白板上还写着家长会联系人的名字和电话，如有任何问题，可以直接查询。

白板上还有一幅引人注目的图表。图表的最上端，醒目地标着捐款目标$13750；图的下方是一个浮标，代表已经募到的款额。每隔几日，浮标就随着募款的增多而往上浮动。浮标越是往上走，学生和家长们的热情就越是高涨。咨委会把这捐款活动办得轰轰烈烈，到了六月的某一天，终于，白板上出现了喜讯，浮标涨到了顶：募捐款收足了！我们达到目标了！

随后，家长会在学校的新闻信中告诉大家，现在已经进入与校区管委会商谈细节的阶段，两周后就会下订单。家长会借此机会感谢家长和学生的大力支持。

第二年的初春，游乐场建了起来。孩子和家长们看着这游乐场破土动工，看着那些支架一个一个地竖立起来，看着工人们把木屑铺垫在攀登架下（这是用来提高地面的松软程度，以保证孩子们游乐时的安全的），看着游乐场周围的休闲椅摆了出来并固定好。孩子们每天上学时，都在数再过几天就可以在那里撒欢儿玩了。

77 继承英雄未尽的事业

泰利·福克斯是加拿大家喻户晓的人物，是值得孩子们学习的民族英雄。他出生在加拿大的温尼派克省，成长在温哥华附近。十八岁的时候，他的右腿长了癌，医生不得不把他的右腿从大腿处截肢。身经这样的不幸，并且看到其他癌症病人的痛苦，这个孩子于是下了决心，要跑步穿过整个加拿大，以便为癌症研究募集捐款。他的希望是，如果能从每一位加拿大人那里募捐到一个加币，这样就可以募得两千四百万元（二十世纪八十年代初的加拿大人口是两千四百万，今天已经达到三千二百万了）。福克斯把自己的这个长跑计划，命名为"希望马拉松"。经过十八个月的训练之后，一九八〇年四月十二日，使用假肢的福克斯，从加拿大大陆最东部的大西洋沿岸的新布朗斯克省的圣约翰市起步，开始了他计划中的东西穿越加拿大的8000公里长跑。他每天跑42公里，几个月里他已经穿越了东部的魁北克和安大略两个大省。不幸的是，福克斯不得不在安大略省的雷湾终止这一伟大的长跑计划，因为癌症转移到了他的肺部。这是一九八〇年九月一日。经过一百四十三天，他已经跑了5373公里。不到一年之后，一九八一年六月二十八日，年仅二十二岁的福克斯不幸去世了。这位年轻人虽然离开了人间，但他的壮举震动了整个加拿大。他成为加拿大的民族英雄，他的雕像到处可见，包括首都渥太华联邦议会大厦门前。更重要的是，从那开始，全加拿大的学校，每一年都会举办全体师生参加的泰利·福克斯长跑活动，为癌症研究募集资金。迄今为止，这一长跑活动已经募集到了三亿四千万加币的癌症研究基金。

在举行泰利·福克斯长跑活动的这一天，早晨九点，也就是刚刚开始上课的时候，孩子们就都集合到学校的大操场上，开始象征意义的长跑。许多家长也夹在队伍里，和孩子们一起跑。那一天，每个孩子都会带钱到学校作为捐款。二〇〇六年，师生不足三百人的校景小学，共募得捐款四千六百元。

这一天，孩子们还拿回了一张作业，题目是：你要跑多远？围绕这个题目，一共列出了六个问题：

1. 泰利·福克斯于一九五八年七月二十八日出生于加拿大的哪一个城市？
2. 泰利·福克斯从哪一天开始他的"希望马拉松"之旅？
3. 泰利·福克斯在他的"希望马拉松"之旅中完成了多少公里的长跑？
4. 在哪一个城市，他由于癌细胞扩散到了肺部而停止了"希望马拉松"？
5. 泰利·福克斯在开始他的"希望马拉松"之前所设定的目标是什么？
6. 为继续募款以资助癌症研究为目的的泰利·福克斯基金会成立以来，已经募捐到了多少钱？

孩子们拿着一份老师发给的介绍泰利·福克斯的资料，认真地从中找出答案，并一一填写出来。在这个过程中，可以相信，他们的幼小心灵一定感受到了一种精神，那就是福克斯精神，是勇敢、努力、为社会做贡献的精神。

78 剃光头发捐赠儿童癌症患者

　　福克斯并不是唯一一位这样的英雄，福克斯长跑也不是唯一一项这样的社会教育。仅拿癌症研究来说，我们通过孩子们的学校活动所了解到的，就还有其他多种多样的类似活动。比如说，加拿大癌症协会每年秋季所组织的专为儿童癌症的研究进行的募捐活动，同样是学校每年必搞的一项活动。

　　这项活动是由加拿大癌症协会和警察署联合举办的。为什么是警察署呢？事情的起因是这样的。一九九四年的六月，加拿大埃德蒙顿市的一位警察，瑟尔让·加利·古雷先生，遇到一位患有癌症的五岁男孩雷立·卓葛森。得知雷立在接受化疗后头发全掉光了，因而在学校遭到同学们的嘲笑后，这位警察叔叔为此感到很伤心。于是，他请了几位警察同事，一起来到雷立的学校，当着全校师生的面，把头发全部剃光了，告诉孩子们，光头的形象很酷。他们的行为被媒体广为报道，许多读者纷纷写信赞扬古雷和他的警察同伴的这一义举。其中有一封信来自一位母亲，她的女儿也身患癌症，并在治疗之后头发全部脱落。她力劝古雷先生继续他的这一活动。于是，古雷先生就与加拿大癌症协会进行联系，并得到了支持。这个剪光头的活动于是推广开来，其他城市的警察们也纷纷加入。

　　在维多利亚，从一九九八年开始，本地的警署人员以骑自行车的方式为生病的孩子们募捐。这一骑车行动被称为"环石"自行车活动。现在，每一年，一支从春天开始就接受训练的自行车队，会在一两个星期之内穿越整个不列颠哥伦比亚省，在特别选定的一些社区进行募捐活动。每一个队员都与一位患有癌症的小朋友结成一对，这些孩子们是这支自行车队的荣誉成员。自行车队出发之前，要举办募捐活动，包括义卖自制的点心、举办烧烤晚会等等，当然也包括剪光头。

在校景小学，也每年举办这个活动。而且，小学里每年都有几位老师要当众剃光头，表示对这一活动的支持。二〇〇六年，剃光头的是两位女老师。其中一位老师把自己的头发捐赠给了癌症协会供制作假发用。学校请来了警察和"环石"自行车队的成员。十月十七日是个星期一，一大早，学校召开全校师生大会。大会一开始，学校首先表彰上个月为泰利·福克斯长跑募捐到最多钱的学生，向他赠送了一件带有泰利·福克斯画像的T恤衫作为奖品。接着，一位女老师上场，由警察亲自动手，当着所有孩子的面，把这位老师的头发剃光。然后，一位学生的母亲为另一位女老师剪去长发，她的头发将被捐赠给一个叫作"孩子的天使头发"的协会做假发。这个机构是专门为那些因患癌症，做了化疗之后头发脱落，但由于家庭经济困难无钱买假发的孩子提供假发的组织。这一年，学校里还有一位学生，也当众剪了光头。他是五年级的一个男孩子。他花了两年的时间，留了一头长发，目的就是要在小学毕业之前把他的头发捐赠给这个协会。他还立下目标，要在这一年为基金会募捐到两千加币的款项。最后，"环石队"的一位荣誉成员，由他妈妈向大家介绍了他的癌症治疗状况。

我的两个孩子参加了所有这些活动。放学之后，两个人七嘴八舌地向我讲述了许多有关癌症的知识。这样的活动，给了他们认识疾病的机会，了解了那些不幸的孩子们的遭遇，使孩子们增加了同情心。募捐活动也培养了他们的公益心。

捐款活动不只是在那一天进行。会后，每个班继续摆放着捐款盒，孩子们和家长们可以陆续捐钱，从几分钱到几十元、上百元都可以，二〇〇六年校景小学的目标是捐到三千加元。几周后，在学校的周信里，校长告诉大家，今年共捐到了3981.45加元，学校已经把它们全部赠给了加拿大癌症协会。

79 孩子们最爱的意大利饼

在学校里，孩子们每个月吃一次意大利饼。每到这一天，我都不用像往日一样给他们准备午饭带到学校去了。这也是家长咨委会举办的一项活动，目的有两个：一方面当然是可以让孩子们吃一次热乎乎的午餐，另一方面也是为学校募捐。

一块饼的价格并不贵，但在学校吃的这块饼，会比学校在店里买的批发价稍高一点。这一点点多余的钱，就捐给了学校。

意大利饼不是这天唯一的食物。这顿午餐的供应，其实是全套的，孩子们颇有选择的余地。除了有四种不同馅的意大利饼之外，还有两种薯片、三种饮料，包括苹果汁、牛奶和巧克力奶。每个学期一开学，家长会就把订单发给每个学生，家长要把一个学期中四次意大利饼日孩子要吃的食品全部预订好。当然，如果那一天孩子没来上学，吃不上意大利饼了，这钱也不会退还。预订单上写得很清楚，多余的饼充公。

中午十一点半的样子，饼店送来了热腾腾的饼。来帮忙的家长们按班把食物分好，然后一个班由一位家长帮忙，把饼、薯片和饮料发到小朋友手中。我年年参与这项工作。家长自愿选择一个班去分送食品，当然家长一般都会选择自己孩子所在的班。我的两个孩子在不同的班，那我就一次选择为老大的班服务，下一次选择老二的班。有时不凑巧，两个孩子的班级都有别的家长在那里服务了，那我就到其他班去帮忙。

十二点，吃午饭的铃声响了。家长们急忙端起食物，来到孩子们的班里。孩

十一　募捐：从小做起的公益活动

子们看到午饭来了，都高兴地摩拳擦掌，恨不能马上就吃到口里。老师则先让他们去洗手，然后安静地坐好。栓柱和非非每次看到妈妈来发饼，都觉得很有面子，也乐于在一边帮忙。我按照事先登记好的每位学生的预订单，把孩子的食品准备好，然后栓柱或非非就帮我送到那位同学的座位上。不过，动作不能太慢，因为他们只有二十分钟的吃饭时间，最后拿到食物的孩子要比先得到的少很多吃饭的时间。二十分钟后，铃声再次响起，孩子们就必须到操场上去，不准留在教室里面。所以，孩子们拿到饼后也不能玩，要抓紧时间把饼吃完。在低年级的每个班里，吃饭的时候，都有两个五年级的学生来做监督，帮助他们解决一些小麻烦，督促他们把饭吃完，并在铃声响起后保证所有的孩子都走出教室。

家长做这次义工后的小小回报，就是得到一份免费的意大利饼午餐。通常，食品或是来源于订购时的少量富余，或是由于有孩子这天缺席而多出来了一份。

80 订文具也是为学校捐款

家长们有无数的办法为学校捐款。在日常家庭消费中，想要为学校捐款，其中一个方式，是请各位家长去某个超市时，用一种指定的消费卡付款。这样，所花费的钱的百分之五，会回赠给学校；而作为消费者本人，无需多交一分钱。许多家长都自觉地这样去做。对学校来说，这是一笔不小的收入，往往一个月能收到那家超市八百加元的回赠，一年下来的数额可想而知。此外，还有一家小面包店，一个卖清洁剂的商店，学校也都和它们建立了这种回赠关系。对商家来说，可以通过这种办法来争取到一批忠实的顾客，实现总的销售量上升，利润当然也可以增加。"地雷的秘密"，其实就在这里。

订购文具是孩子们在加拿大公立学校小学上学期间除去买书包之外唯一的一点点开销，每个学期一般花费也就是四十加币。因为实行义务教育，学费当然一分不收，书费也完全没有。教科书是学校提供的，在学校上课时人手一本；但书的所有权是属于学校的，这一年的孩子用完之后，就留给下一年新升级的孩子们接着用。教科书往往都是精致的硬壳装订，加上孩子们被教导要爱惜，小手也常常洗得干干净净，这些书好多年用下来并没有问题。

早在头一年的五月份，学校就给每位学生一份下学年学习用具订单。家长咨委会承担文具的订购工作，为此每份订单需多加三块钱的手续费。这三块钱，其实就是你给学校的捐款。当然，这绝对是自愿的。如果你想自己去购买文具，那完全可以。

订单分为两部分，一部分是必备的用品，另一部分是可选择的用品。必备文具中，有六个各色的活页夹，有五到十个横格本和白报纸本，十支带橡皮头的HB硬度的铅笔，两三个白色的大橡皮擦，十二色彩色画笔一盒，十六色蜡笔一盒，两个粘胶，一把三十厘米的尺子。老师提的要求极为清楚、具体，从功能到大小都非常符合孩子们的需求。在可买可不买的文具中，通常会有卷笔刀、剪刀、文具盒这类的东西。

我通常都是通过家长咨委会订购文具，方便省事不说，还能为学校做点儿贡献。六月份学年结束之前，就能拿到订购的全部下一年的文具了。

81 各显神通的班级旅行筹资活动

每年六月，老师都会带五年级的法文班到我们维多利亚所在的温哥华岛中部的斯特高纳山去旅行。整个旅行为期四天，交通、住宿、饮食和活动经费等加起来，如果全部由每个孩子的家庭承担，对某些学生来说，恐怕费用太高。学校还有明文规定，任何学生都不能由于经济困难而被取消参加活动的资格。所以，为了这次旅行，这个班就要进行募捐活动，目标是六千元。而这一艰巨的任务，全部由班级家长们来承担。

在这个社会成长起来的人，由于有从小学就参加募捐活动的经历，大概多多少少都有些集资的本领。所以，家长们为此设计和举办了多姿多彩的活动。首先开展的，是小圆蛋糕义卖。每月一次，日期不固定，但都是周三上午孩子们吃点心的时间。几天前，广告就张贴在学校的大门口了。到了周三上课前的一大早，家长们陆陆续续把自制的小圆蛋糕一打一打地送到了学校。家长们的手艺都非常高，为了吸引孩子们，小蛋糕上都会抹一层厚厚的奶油，再放上些五颜六色的装饰。孩子们管这种小蛋糕叫作小杯蛋糕，因为它的形状就像一个小茶杯。十点钟的点心时间到了，孩子们一个班一个班地列队出来购买。价格不贵，五毛钱一个；孩子们交了钱后，可以自由选择。我很喜欢看孩子们挑选蛋糕时的样子，特别是低年级的孩子，一个个怯生生的，但眼神里又充满渴望。他们在那些装饰五花八门的蛋糕中看来看去，犹豫不决，经过几次逡巡之后，才下定决心，伸手拿取一个他们觉得自己应该不会再后悔的蛋糕。一次下来，一般就有两百元左右的收入。努力一个学期，这项集资可达一千多元。

另一个进项，是在圣诞节前，请全校的家庭订购圣诞期间家家摆设的"一品红"——这是一种盆花，叶子在冬天也绿绿的，但顶上的叶子却鲜红鲜红，与圣诞红绿相配的颜色一致，所以是圣诞节的主要植物装饰品。班里有一位家长，是做园艺生意的，一品红是他这个季节的主要货品。他通过学校推销售卖，售后拿回成本和微薄的利润，此外的所得就是为班级筹集的资金了。大家都知道，从这里订购的花质量不错，但价格也比市面上要略贵一些。可是，为了帮助孩子们举办自己的活动，不管是不是这个班的，许多家庭都踊跃订购。我去取花的那天，看到有的家长买了好几盆。自然，筹款又告成功，仅此一项就进款八百多元。

圣诞节的全校义卖中，这个班拿出了一个最受瞩目的抽奖篮。在题为"户外活动"的大篮子里，装着价值五百多元的物品和礼券，全部来自家长们的捐赠。再加上义卖活动中的食品饮料和小礼品的售卖，那一次又筹得了近两千元。家长和学生们都为之欢欣鼓舞。

春暖花开的时节，非非班又在全校搞了一台欣赏古典乐曲的小提琴演奏会。当然，门票收入是这次的主要募款手段。老师请来了一位在北美享有盛名的小提琴演奏家压台，所以演出甚为叫座。虽然中间穿插着孩子们的表演，但音乐会的整体水准很高。这位提琴家，就是这个班一位学生的家长，后来也参加了这年的斯特高纳山之旅。出席音乐会的家长和学生，大约有七八十位；特别是这个班的家长，几乎全都到场了。一个小时的演奏结束后，是一个小小的交流晚会，家长们可以和小提琴家见面聊天，剧场后方还提供了免费的水果和甜点，为交流增添了轻松随意的气氛。

到了五月份，离预定的旅行日期越来越近了，筹款仍然未能达标。又有热心的家长，倡议举行一个新的募捐活动：回收空瓶子。周末的一天，有六七个家庭的家长和孩子们参与了这项活动。大家提前一周，就在邻近自己住宅的一些街道上张贴和散发了广告，告诉居民们，他们为了给这次的出游活动募捐，将于下个周六的上午来此收集可以回收的饮料瓶子，希望大家予以支持。原来的计划，认为这次应该可以获得三百加币。喜出望外的是，他们在邻里中收集到了上万个空瓶子，一下募捐到了五百元。

就这样，一点一滴地，在家长们齐心协力之下，筹款活动圆满完成，那次旅行也如期举行。

第十二章

教书与育人

老师不仅仅教授孩子知识，同时还肩负着对孩子人格的培养。老师怎样看待孩子，又怎样对待孩子，对孩子的成长至关重要。如果老师在严格要求孩子的同时，能够尊重孩子的个性，这就可以使孩子既能够遵守规范，又可以按照自己的特点去发展。加拿大的小学教育，强调这样做。大多数的老师们，也确实具备这样做的教学态度和能力。教书与育人的结合，越是在小学阶段，就越是密切和重要。

82 老师总是夸奖孩子

一个学年里,第一学期和第二学期各有一次家长和老师的见面会,专门就孩子的学习和成长情况面对面交流。栓柱和非非二、三年级时的第一次这样的见面会,我至今仍记忆犹新。那时,学校发来通知,告诉家长和老师见面的日期,并同时附上了一张表格,让家长选择面见老师的具体时间段。像我们这样,一家有两个乃至两个以上的孩子在这同一所学校,家长可以在这张表上同时填上两个孩子的名字和孩子老师的名字,学校会负责协调,把见两个孩子的老师的时间调到前后衔接,避免家长在学校等候或要来回跑两趟学校。和老师面谈的时间长度是十五分钟,除非遇到前面有特别啰唆的家长,老师一般是不拖延的。

这次我们先被安排去见栓柱的老师托马斯太太。我非常佩服她对孩子的观察能力。只有短短两个月的时间,托马斯太太已对栓柱了如指掌。她一下就抓住了这个孩子的特点。老师说,栓柱完全生活在自己的世界中,很少和外界交流,但他是个很快乐的孩子。如果一个孩子自己待着并不快乐,想交朋友却又没有朋友,那就是个问题了。但栓柱并没有这种要求,他很自得其乐。这就可以了。看来,他就是个与众不同的孩子。老师强调:**我们不能要求所有的孩子都一样,只要一个孩子没有太让人担心的问题就可以了。有时候,有的孩子和别人的成长有差异,或许他的个性就是这样。**在学习方面,老师肯定了栓柱的阅读水平高于他的同龄人,但作业则有时整齐有时凌乱,这是老师希望他改正的。对于他的数学水平,我担心他的理解较慢,老师说,也许他需要我多几次的讲解,但他能够理解;而且一旦他懂了,就不会忘记,这也是脑子比较慢的孩子的特点。这一席话显示出，她既看到了孩子的问题，也承认孩子成长中的差异，给予家长希望。她对孩子准确、公正的评判，让我既满意，又放心。

十五分钟的时间很快就过去了。出于礼貌，老师并没有赶我们走，但她也不再多说什么。我们理解她的意图，看到别的家长在外等候，也不好意思久留，于是谢别托马斯老师，到非非班上去了。

非非的老师开门见山，上来就说她对非非特别满意。老师介绍说，刚开学的时候，非非的弱点是不能自觉完成作业，写日记时总在玩。她说："我估计他是不理解对学习的要求，于是为他设定的目标就是独立和主动地完成作业。经过几次的严格指点之后，他理解了这个要求，现在做得非常好，而且用词造句都很好。"老师肯定他学习主动。她举例说，非非是他们班唯一一个主动使用老师为他们准备的词典找新词、用新词的学生。在与老师见面之前，孩子们先为自己的表现填写了一份自我评估的表格。我们看了之后，一度担心他对自己的评估过高，对于几乎百分之九十以上的问题他都自我评价"非常好"。这是不是言过其实了呢？我试探着向老师提出了这个问题。老师却很肯定地说："这都是真的，他就是非常好。"我们离开时，老师特意让我们告诉非非："你们告诉他，我对他非常满意，他学习成绩很出色！"

我觉得，老师的正面评价，对孩子是最好的鼓励。所以，我们把原话转达给了非非，他当然也很高兴。

83 孩子的自我评价很重要

这里就要专门谈谈孩子们的这种自我评估了。前面提到，老师给孩子们做鉴定的同时，也让孩子自己做一个自我评估。老师给他们列出一个表格，上面有种种详细的指标，然后让孩子在每一项上给自己打分。分数分四个等级，3或4表示做得不错，1或2则表示有待努力。

非非班的评估表格有五个部分，内容大致如下：

第一部分　学习习惯及态度

1. 敢于面对学习中的挑战；

2. 对学习感到自豪；

3. 学会自我控制；

4. 跟随老师的指引；

5. 表现出对别人的尊重；

6. 能集中精力做功课；

7. 认真对待家庭作业。

第二部分　数学

1. 懂得看图表；

2. 熟练地做出18以内的加法；

3. 减法可以直接计算，不用辅助方式；

4. 能够运用实物分组的方式做乘法；

5. 会使用日历。

第三部分　读和写

1. 朗读流利；
2. 对在小组里需朗读的课文准备充分；
3. 能够复述出所阅读的故事，并把结论用图画表现出来；
4. 书写清楚；
5. 正确使用标点和大小写；
6. 完成好每周所规定的阅读内容；
7. 表现出有阅读能力；
8. 能够听写出大部分的生词。

第四部分　交流

1. 在课堂上说法语；
2. 当别人发言时认真听讲。

第五部分　其他

积极参加演戏的排练。

在孩子们自己的评价后面，老师也会加注评价。这样，可以对比一下孩子和老师对问题的判断是否一致。最后，老师让孩子写出自己对下一个阶段设定的目标，同时老师也为这个孩子设定一个目标。非非为他自己设定的下一阶段的努力目标，是参加两个戏剧的演出，并能按时完成作业。老师的补充是，希望他能够在学习上接受更大的挑战。

栓柱班的评估题目没有分类，内容有所不同，题目如下：

— 我和同学们能友好相处；

— 我在教室、体育室和操场上都能遵守规则；

— 我在午饭时间能遵守规则；

— 我能按时到校；

— 老师讲话时我能认真听；

— 同学们讲话时我能认真听；

— 老师让做作业时我能立刻开始；

— 让我们自己做功课时我很认真；

— 我能够按时完成作业；

— 我能及时改正作业中的错误；

— 我能按时递交家庭作业；

— 我的文具齐全；

— 我的书桌整齐并能够迅速找到所需的书本、文具；

— 我书写认真并能在交给老师打成绩之前检查一遍；

— 我借图书馆的书阅读并及时还书。

虽然两位老师让孩子们做的评估内容各有偏重，但都十分具体和细致入微。从中可以看出，**加拿大的教育没有空洞的概念和理想，而是重视具体的行为，从每一件细小的事情着手，给予孩子明确的指导**。能够做好这些简单的小事，对孩子们来讲，并不是与生俱来的能力，而是要经过长期培养和教化的。

84 正面看待与众不同的孩子

我们栓柱在学校里不交朋友，他只和弟弟一起玩，偶尔也参与弟弟与朋友们的玩耍。他孤独但快乐，常常沉浸在自己的世界中自言自语。他是属于有问题的孩子吗？应该引导他交友吗？栓柱四年级时，老师建议我去找学校的心理顾问凯宾先生。

我于是和凯宾先生预约了见面的时间。他看上去五十开外，待人和善。首先，他耐心地倾听我介绍栓柱的情况和我的担忧。然后，他不紧不慢地对我说："如果你愿意，请给我两三个星期的时间，让我观察观察他，然后我再告诉你我的看法。我会到教室里看看他上课和做功课的情况；中午休息时，我会到院子里看他都做些什么，再和他谈一谈，也和他的老师谈一谈。你看这怎么样？"我听了非常高兴，连声说好，并表示深深的感谢。为了让他更多地了解栓柱，我还送给他看了栓柱写的一篇故事。我对他写的这个故事的古怪离奇存有疑问，不知心理学家是否能从中看出什么名堂来。他当时只是点头收下。

几个星期以后，凯宾先生主动给我打电话，希望能和我聊一聊。我欣然前往。他对我说的第一句话，就把全部的结论告诉了我："栓柱是个非常特殊的孩子，不过他没有问题。"随后，他阐述了理由："栓柱能够跟随老师的指令，学习没有困难，也并不因为他没有朋友而感到沮丧和焦虑，他很快乐。"他接着说："我和栓柱交谈过，他很直率，也完全知道自己在说什么，他泰然地认为他不需要朋友，一个人很自在。"最后，凯宾先生也坦率地告诉我，他的确认识少数一些人，这些人一生中可能只结交一两个朋友，但他们仍然生活得很好。这类人往往从事科研或处理数据等工作。他们不太需要社交生活。

谈到这里，我不由得想到栓柱的一件趣事，于是向凯宾先生讲述了。个把星期前，我们在公园里散步，看到许多的孔雀成群结队，唯有一只很孤独。我不禁对栓柱说："这孔雀是不是像你一样，总是独处？"栓柱感慨一句："它觉得它太出众了，不适于和别的孔雀在一起。"我听了大吃一惊，忙问他是否就是这样想的，栓柱却淡淡地说："不是，有的孩子就是需要独处。"凯宾先生听了仰头大笑，赞叹道："这话说得太神奇了！"

接着，他开始赞扬栓柱："我看了他写的故事，这孩子想象力极其丰富，他是个极聪明的孩子，他拥有一个丰富的自我世界，他也许能写出第二部《哈里·波特》呢！"我发自内心地感激地笑了。我并没有对儿子抱那么大的希望，我也了解儿子的智力特点和水平，但出自一位心理学家的这番话语实在令人欣慰乃至鼓舞。他最后劝慰我说："如果你对我说的这些话仍然有怀疑，你可以再去找家庭医生或儿科专科医生咨询；如果有新的问题出现，你也可以再来找我。如果不是这样，我给你的建议就是，从现在起，好好享受栓柱给你带来的快乐，他是个非常可爱的孩子。"这时候，我内心所得到的安慰和满足，是难以言表的。

快放暑假的时候，我又见到了凯宾先生。他告诉我，明年学区安排他到别的学校去工作，接任他的是一位女士。他已经把栓柱的情况向她做了交代。等到新学年开学后，那位新的顾问会与我联系。栓柱可以继续得到关注。

85 让孩子接受自己

果然，新学期开始后，南尼女士与我联系了。她也与栓柱进行了交谈。过了不多久，栓柱遇到一个新问题。有两次放学后，他都非常不愉快地告诉我，在教室里，他不知道做了什么，就有孩子嘲笑他，他很恼火。我们于是告诉栓柱，在这种情况下，你应该郑重地告诉那笑你的孩子："请你不要这样，我不喜欢。"栓柱说："那老师看到了怎么办？"我们说："老师看到了是好事，老师一定认为嘲笑他人是不对的。"我们知道，在学校里，这是一条校规。当然，这是一个有多种文化背景的不同孩子相处的社会和班级，情况也许更复杂一些。所以，我很想更多地知道加拿大人对这个问题的教育理念。于是，我约见了南尼女士。我把栓柱的不愉快和我们的态度向她谈了，并询问她的看法。她肯定地告诉我："首先，我们鼓励孩子在遇到感觉不舒服的情况时要表达出来，这样教孩子的做法是正确的。如果问题不能得到解决，第二步就应当求助于成人。这个年龄段的孩子也许还不具有自行解决问题的能力，那么成人的帮助是相当必要的。"

我有些疑惑地问她："栓柱是不是有什么与众不同之处，所以引得别人嘲笑他？"南尼女士的回答令我感悟很深。她说："应该让栓柱接受他自己：我就是这样与别人有所不同，这是正常现象，因为所有的人都各不相同。重要的是让孩子欣赏他作为他自己。"我深感，这是一种尊重孩子个性的理念，如果我们都能够自由自在地充分发挥自己的特长，社会定会和谐，人生定会幸福。

86 一条新闻寄希望

有一天，栓柱放学回家，从书包里拿出一张报纸让我看。他指着报纸上的一条消息告诉我："托马斯老师让我看看这条新闻。"我拿过报纸，仔细阅读了这条新闻。报道说：有一位名叫布利亚娜的一年级小学生，是一个恐龙爱好者。上个月，布里亚娜和她的父亲在圣马里河边散步时，发现了一块一英尺大小的好像是化石的东西。经皇家泰勒博物馆鉴定，确认这是一块七千三百万年前的鱿鱼化石。小布利亚娜把它称为"我的恐龙"，并决定收藏此物。

老师一定是知道栓柱对恐龙和化石这一类东西感兴趣，所以特地拿来给他阅读。第二天放学时，我到教室去见托马斯女士，感谢她带给栓柱这份报道。她向我解释说："我看这篇报道时就想到了栓柱。他那么热爱恐龙，有那么多有关恐龙的知识，也许有一天他也能发现一块恐龙化石。"我很好奇地问老师，她怎么知道栓柱喜欢恐龙。托马斯女士告诉我，在课堂上，她常常让孩子们讨论他们喜欢的各种各样的东西，如果谁懂得某一方面的知识多，老师就会让他把自己的知识讲给其他小朋友们听。孩子们的爱好各有不同，每个孩子也都各有所长，孩子们之间的交流可以使得他们互相取长补短。老师说："**一个孩子如果在某方面非常强，就要让他充分发挥出来，这样可以增强孩子的自信心，不是吗？**"她发现栓柱在有关动物，特别是恐龙方面的知识尤其丰富，所以也就特别注意在这方面鼓励他。

栓柱似乎因此受到了极大的鼓励。他让我认真收藏好这份报纸。我发现，那几天，他每天都会拿出那些已经熟读的有关恐龙的书再次阅读，似乎真想成为一个恐龙学家。

87 丢书反被安慰

在学校图书馆，孩子们可以每周一次借阅图书。每到这一天，小哥俩放学后见面的第一件事，就是分享各自在学校新借到的书。

那天当然也不例外，栓柱一上车就急忙要把新借的图书给非非看。可是，这时他突然想到，他把一本大开本的书落在了教室里。于是，他心急火燎地让我带他回到教室去寻找。我把车开回到学校大门口的落车处，让他自己去班里拿书，我和非非在车里等他。等了一会儿，他还没出来，我怀疑他找不到书了，于是就进去找他。

当我走近他的教室时，我听到栓柱在和托马斯老师对话。他带着哭腔对老师说："我穿外衣的时候，把那本书放到书包挂钩下的台子上了，是谁把我的书拿走了？"他是个不善于控制情绪的孩子，我猜想他是为忘记了那本书而懊悔，也为找不到了而恼怒，还害怕他会受到老师和我们的批评。他越说越激动，我能想象他这时会有些失控，一定是双手在空中乱划拉，眼里噙着泪水。

我不免心中尴尬，有意无意地放慢了脚步；同时也有几分好奇，想知道老师对他的态度。接着，我就听到托马斯老师语气平和而亲切地安慰他说："我的小甜心儿，你千万别着急，一定是哪个同学拿错书了，或者以为是咱们班的书，他喜欢看，就拿回家去了。小甜心儿，没有关系，明天一定帮你找，我向你保证我一定帮你问问其他的同学，你一定不要担心。"这时，我已经出现在了教室门口。老师见到我，对我笑笑，看到栓柱的情绪似乎平复了一些，就接着说："你还记得上次你的一本书找不到了，不就是奥斯汀拿错了吗？"

我想起上个月的确有同样的事件发生，老师也许诺要帮助他找书，第二天我还接到了老师专门给我写的一个卡，解释道："亲爱的吴太太，我们在班里认真寻找了那本有关星座的书，可惜还没有运气把它找到。我们会继续寻找，希望它能够再现。如果你找到了，请也告诉我。"后来，那本书终于找了回来。

在老师再三地许诺和安慰下，栓柱终于恢复了平静。我对老师的态度心怀感激。想到我小的时候，遇到这样的事情，不论是老师还是家长，都会严厉地批评我丢三落四，怎么可能会来安慰我。这里的老师真是体谅孩子。

第二天的事更使我感到意外。中午吃饭时间，电话铃声响了。我拿起电话，传来栓柱的声音："妈咪，我的书找到了。"我太惊讶了，这是栓柱第一次给我打电话。他怎么会主动给我打电话呢？他在哪里打电话呢？他恐怕都不会记得家里的电话号码吧？我这样怀疑他的能力，于是追问他："是谁让你给我打电话的？"他说："是托马斯老师。她先让我到学校办公室找到家里的电话号码，然后让我告诉你不要为丢书的事担心了。"

放下儿子的电话，我长长地舒了一口气，心中有说不出的喜悦和宽慰。

● 栓柱弄丢了图书馆的书，托马斯老师给妈妈写了张卡片：我们仔细寻找了栓柱那本有关星座的书，还没找到。我们会继续寻找，希望它能重新出现。如果你找到了，请告诉我。

88 向老师求助总能解决问题

栓柱班上有个男孩是从加勒比海地区来的。我第一次见到他时，看到他的眼神愣愣的，觉得他有些异常。后来，听其他家长说，这个孩子智力上有问题，班上的另一位老师就是专门负责陪伴他的。这是公立学校的一个制度：身体或大脑有残疾的儿童，和正常的孩子有同样的学习权利，所以应当在一起读书。这样的学生，每个班会有一两个，学校配备专门的老师全天候负责照顾这个学生。这样我就明白了，为什么有的班同时有两位老师在教室里，而有的班只有一位老师。

有一天，栓柱接到一个电话。有一个孩子请他去玩，栓柱马上拒绝了。我从电话里听出，这个人的声音，好像就是班上那个有问题的孩子的。我于是向儿子求证，果然没错。没过两天，他又来电话找栓柱去玩，栓柱又一次拒绝了。我心里有些疑惑，觉得应当向老师打听一下那个孩子的情况，不知栓柱应不应该和这样的孩子在一起玩。

第二天放学的时候，我来找托马斯老师。我先向老师说明我并不是抱怨什么，只是想听听老师的意见。我一提这个同学打电话的事，她马上就明白了，并告诉我，栓柱不是唯一一个被他骚扰的同学。我很想知道他究竟有什么问题，老师并不愿意多说，只是就事论事地说他经常做一些错误的事情，而且会盯在一件事上不放。我问老师该怎样回答他的电话，老师说：你可以告诉他，以后不要再打电话来了。接着她婉转地告诫我："如果是我，我就让孩子和他保持距离。"这时，看管那个孩子的老师也走了过来，向我问明情况后说，她马上就去向那个孩子的家长反映，让他们管住孩子，不要再有类似的事情发生。我还问老师，这个孩子对别的孩子会不会造成伤害,她回答说:"不会,特别是有一个老师在学校一直跟着他。"最后,托马斯老师还向我表示感谢,她说:"谢谢你能够及时地和学校沟通,让我们随时掌握学生的情况。"

见了老师之后,我的心里踏实了许多,感到学校非常负责任,而且老师真诚地站在家长一边,愿意帮助家长。但是,这件事要比我预计得复杂。这个孩子的行为在栓柱的心里留下了阴影。有一段时间,我发现,栓柱下课后,总是战战兢兢、东张西望,有时会莫名其妙地跑到一个无人的角落里去。我见他行为古怪,问他为什么这样做,他不肯对我说。但是,我终于搞明白了,他是在躲避那个孩子。

原来,这个孩子由于大脑有缺陷,而且家庭背景又很复杂,在与人交往时完全没有分寸。他有时会突然盯住某一个孩子不放,不断地骚扰他。栓柱这段时间就成了他的一个目标。这个孩子的存在,并不是只有栓柱一人感到了压力,班里有相当一部分孩子都不喜欢他,甚至害怕他。可是,近几年,维多利亚取消了为智力、心理上有问题的孩子开办的特殊学校,一般的公立学校有义务接受这类孩童上学。据说,那个孩子在他家附近的学校待不下去了,才不得不转入其他学校,不幸的是,校景小学这次成为他们的选择。校长对此也没有办法,只能在学生与家长对这个孩子的不满和他的责任之间寻找平衡。这是我们在加拿大学校里遇到的一件不顺心的事。不过,校长还是帮忙的。我就这个问题找过几次校长,希望在下个学年里不要把栓柱和那个男孩分到一个班里。校长确实做了妥善的安排。

89 打架是严重的违纪行为

非非四年级时,一天下午放学时我去接他,他平和地对我说,班主任老师露女士要见我。我于是去找露女士,她说她希望和我谈一次话。我因为当时急着带孩子上游泳课,于是约定第二天一早上课前八点二十分到教室见她。我有些莫名其妙,不知何事,但总觉得非非是个乖孩子,没什么大不了的事。

第二天早晨,我按时走入教室,老师请我坐下。她从办公桌上拿起一个本子,正襟危坐,很严肃地看着本子上的记录告诉我,昨天班里出了一件事情,经过是这样的:上午在课间休息时,有五六个孩子一起玩一个叫作"寻宝"的游戏,每个人都用几块石头和几棵草作为自己的宝物,然后通过文字游戏进行交换。大家正玩着,突然班里一个叫里安的男孩子来了,他不由分说,上来就要霸占所有的东西,孩子们顿觉无趣,于是离开。但里安见势不依不饶,追上前去动手动脚。说到这里,老师强调说:但他并没有碰到非非。接下来的情况是:非非见此情景,怒火冲天,举起拳头狠狠地揍在了里安的脸上。这时,上课铃声响了,里安面红耳赤地走回教室,被老师看到了。老师马上询问发生了什么事。里安告诉老师,是非非打了他。老师认为事态严重,立刻召集当时在场的孩子们作证,将事情的原委搞清楚,并做了记录。中午休息时,非非受到校方的惩罚,不被允许到操场上去玩,因为学校的纪律是学生之间不可以有肢体冲突。老师最后补充道:此外还必须通知家长。这就是为什么我今天要见你的原因。

老师讲完了情况,问我有什么要说的。我没有什么可说的,因为我真的不知道要说什么。我认识这个叫里安的男孩子,他的确非常调皮、好斗,嘴不停、脚不停,还甚少有自知之明。他因为个子大,特别喜欢欺负小个子的孩子,非非就是被他盯上的一个。班里的孩子们大多不喜欢他。我听说非非打了他,第一反应是心里油然升起一股喜悦,暗自为非非叫好,心想:这小家伙,别看个头小,在班里又是"少数民族",还挺强硬,在外不受欺负,见义勇为,真是好样的!学校给予非非的这点儿小小惩罚,我并不在乎。但我也知道,既然是学校的纪律,我就不该怂恿孩子,还是要让他做事有分寸。等我回到校园,见到非非盯着我出来,我就问他:"你昨天是不是受到了惩罚,不让你去操场玩?"非非却张着个笑脸,笑嘻嘻的像是在安慰我似的说:"没关系,我自己在楼道里玩儿挺好的。"他的反应让我感到意外,觉得他的样子真可爱,差点让我笑出声来。过去我们小的时候,要是违反了纪律受到惩罚,会认为是奇耻大辱,怎么还能如此自在?!大概也是因为孩子从我的脸上看出来了,我并没有真生气。不过,我还是强忍笑容,故作严肃地告诉他,在学校里绝对不可以动手打人,如果把别人打伤了,是要负法律责任的。非非点头表示明白。

事后有一天,我和非非班里一个同学的妈妈谈及此事。她听说非非打了人,惊讶得把眼睛和嘴巴都张得大大的:"此话当真?"然后,她告诉我,按照一般的校规,打架要被停学三天。我这才知道,肢体冲突在加拿大的学校里是多么严重的一件事。这个平时不哼不哈、在班里倒数第二矮个儿的小非非,居然干了这么一件事!幸亏他平时各方面优秀,又是初犯,再说里安也不占理,这也许是学校没有严重处罚非非的原因吧!

90 老师是孩子的伯乐

这一个也是非非的故事，不过没有那么负面。据我们了解，加拿大很照顾有特殊需要的孩子。他们一般被分为两类，一类是身体或智力上有障碍的孩子，另一类则是智力上非常优秀的天才儿童。政府为这两类孩子分别提供免费的特殊教育。在公立学校，政府每一两年都会对各个学校四五年级中的优秀学生进行天才儿童测试，通常天才儿童的比例为百分之二。被测定为天才儿童的孩子，进入中学后，可以参加为天才儿童设置的特殊课程。在五年级最后一个学期和老师的见面会上，非非的老师露女士告诉我们，她准备推荐非非去参加学区组织的天才儿童测试。

测试的全部内容分几个部分。首先是老师推荐，然后是对家长和孩子本人进行问卷调查，最后进行智力测验。老师的推荐部分，可以想见，是以孩子在学校的学习成绩和智力表现为依据的。给家长和孩子的调查问卷，非非带回了家。这调查分为两个部分。第一部分是选择题，问卷是这样设计的：

反应能力

— 当被问到一个问题时，他能够想到许多不同的答案；
— 当被要求画一张图画时，他画许多张；
— 对某一件事有很多的想法，而不仅仅有一种想法；
— 爱提问题。

灵活性

— 对一件物品能够想到许多使用方法，而不仅仅是一般的使用方法；

— 对一幅画、一个故事、一首诗或一个问题，可以诠释多种含义；

— 可以把一个物品的含义转移到另一个上去；

— 从一个观点转换到另一个观点；

— 主意多，兴趣广泛；

— 解决一个问题能够想到许多可能性。

想象力

— 所编的故事发生在从来没有见过的地方；

— 想象别人如何处理问题；

— 对一些事或一些地方产生幻想；

— 想象他从来没有经历过的事；

— 容易发现图画中的特殊之处；

— 自由地想象。

复杂性

— 对复杂的事物和思想感兴趣；

— 喜欢参与复杂的工作；

— 喜欢自己思考和解决问题而不需要他人的帮助；

— 乐于完成难度大的任务；

— 乐于通过反复试验达到成功；

— 对问题提供比其所需更复杂的解决办法。

对这些问题的回答，只需在"经常如此""有时如此"和"不经常如此"这三者之中进行选择。

问卷的第二部分，是三个开放式的问答题。

第一个问题是：你觉得这个孩子确实或可能很聪明吗？如果是，为什么这么说？如果不是，为什么这么说？

第二个问题：你认为这个孩子是或可能是很有创造力吗？如果是，请举出一两个例子来说明。如果不是，为什么这么说？

第三个问题：如果你的孩子通过这次测试而被认为是天才儿童，你期待着什么？

给孩子本人的问卷，也是选择题，题目如下：

冒险

— 不顾他人的反应而维护一种观点；

— 设定很高的目标去完成一件事，并且不畏惧去完成它；

— 接受错误和失败；

— 不过于担心同学、老师和家长的否定态度；

— 对一件事喜欢碰运气或冒险。

创造力

— 对一种正确的答案不感兴趣并寻找其他的选择；

— 以与众不同的方式思考；

— 乐于使用不同寻常的方式做事；

— 听到或读到一个问题之后就开始发明解决的办法；

— 质疑原有的方法并且寻找新的方法解决问题；

— 创造新的解决方式。

细致

— 在自己的图画中加线、颜色和细节；

— 对问题的答案体会深层的意思并创造出更深层的意思；

— 脱离别人的主意而增加自己的;

— 想要修饰他人的作品或主意;

— 不太喜欢普通的物品并增加细节使其更完美;

— 改变游戏规则。

好奇心

— 质疑每一件事和每一个人;

— 喜欢探索机械;

— 寻找新思路;

— 探索对自己来说是新的事物和思想;

— 通过探索书、游戏、地图和图画等来寻找新意。

这些问题,也只需在"经常如此"、"有时如此"和"不经常如此"这三者之中选择一个作为回答。

整个测试的最后一项,就是去参加类似考试的智力测验了。这个测验的全名,叫作"奥蒂斯·莱能学习能力测试"。测试题中没有任何知识性的题目,全部是逻辑和推理题,通过这个测试可以观察孩子的学习能力和逻辑推理能力。那一天,我把非非送到考场。考生来自同一个学区的两所小学,其中非非所在的校景小学来了十几个孩子。老师在讲明测试要求之后,发给了孩子们一本大开的十多页的卷子。两个小时后,当我来接非非时,我问他考题难不难,他说:"一点也不难,我全做完了。""是吗,难道还有人没做完?"我怀疑地问道。他说:"有些人没做完。"他又说:"我是第一个做完的。"我好奇地问:"你怎么知道?"他说:"因为老师让我们做完后举手,然后他来收卷子。我是第一个举手的。"我有些担心,怕他粗心潦草,就说:"你做完后应当检查一下再交给老师。"他说:"我是又看了一遍。"我就没什么好说的了,心想等有结果再说吧。

　　几周后的一个下午，非非告诉我：班主任露女士要见我。我心里嘀咕着，应该不会又打架了吧？当我走进教室的时候，只见老师看到我便眉开眼笑，张口就说："我真高兴，恭喜你了，非非通过了天才儿童的测试，而且成绩很高。"测试满分为一百分，一般九十六分可以被认为是天才儿童，而非非得了九十九分。老师一再地说："我实在为他高兴。"

　　我一时不知是该得意还是该谦虚，只一个劲儿地说谢谢！不过我也是真心实意地谢她！非非在智力上确实很优秀，但是以前他听不得一点指责，犯不得一点错误，一有这类事发生，立刻就会掉眼泪。五年级时，有一次在露女士的课上，非非在回答一个极简单的数学问题时出了错，他当场就哭了起来。露女士只是平静地对他说："难道你就不能给你自己一次犯错误的机会吗？"非非听到此话，似乎顿时恍然大悟了，马上把眼泪擦干。从此，他在这种时候就不再掉眼泪了。我们感谢老师，给了非非他最需要的一项教育，那就是接受自己的不足和错误。

第十三章

期末的快乐时光

一进入六月份，维多利亚不仅天气暖和，日照时间也加长了，家长和孩子们都开始盼望暑期的到来。这个时节是孩子们在学校的快乐光阴，功课少了，玩的时间多了。老师似乎也故意把所有的出游都集中在一学年的这最后几个星期里，免得此前孩子们玩散了心。这个学期，学校不安排老师和家长的见面会，只是在暑假前的最后一天，把成绩报告交给学生带回家。

91 海边出游兼寻宝

每到学期末,各班都要组织一次让老师和孩子们彻底放松一天的出游活动。那年托马斯老师为栓柱班举办的是去海滩野餐,并且邀请了全班的家长一起参加。

这个活动在几个星期前就通知了家长。不过,在活动的前一天,栓柱又给我带来了一份备忘录。备忘录是栓柱自己手写的:"明天是海滨日,我们上午十点半离开学校。我需要带午饭、沙滩巾、可供更换的干净衣服、太阳镜和沙滩玩具。我们下午一点半到两点间返校。"

第二天,天空晴朗,气候温和,正是在海边徜徉的好日子。我们家长随着孩子们来到离学校最近的一个海滨公园,寨若公园。公园坐落在一个美丽的海湾旁,面对大海那向远方伸出的连天水波,衬托着蓝天白云。海湾一边是维多利亚最为昂贵的住宅区之一,十里铺,一幢幢深宅在绿森森的树林中凸显幽静;另一边则是橡树湾游艇俱乐部,如林的白色船桅高高耸立,上指蓝天下触碧海。传说这个海湾在人迹罕见的远古时代曾经出现过水怪,叫考德勃若龙,所以,公园的游乐场里建有一条色彩夺目的长龙,它既向人们展示着这个传说,又作为孩子们攀爬的游玩设施。

上午是孩子们在海边玩水的时间。这里的海水,夏季流淌的是从北冰洋流来的冰水,即使阳光灿烂,海水还是冰冷刺骨。可是,有些不怕冷的孩子,竟然勇敢地钻到海水里,非要在这刺骨的水里嬉戏一番方能遂意。其他的孩子则在玩沙、搭城堡、挖水渠,忙得不亦乐乎。

午餐很简单。孩子们在学校里是不可以与小朋友分享自己的食物的,以防有学生出现食物过敏或是传染病。所以，他们都从自己的饭盒里拿出自带的午餐。托马斯老师嘱咐大家，千万不要打开盒盖把食物晾在露天，以免被乌鸦叼走。有个孩子只顾和别人说话，忘记了保护食品，结果一大块面包被一只乌鸦迅速地叼走了，孩子回过头来只好望着空盒子发呆。吃得快的孩子，填饱肚子后，就跑到游乐场去玩滑梯、荡秋千。过了一会儿，周五代课的高洁老师来了，她给孩子们每人带来了一份甜食——冰淇淋，孩子们都开心极了。

午饭后是最后一项活动——寻宝。老师把孩子们三三两两分成多个小组，每一个小组发给一个塑料袋和一份寻宝单。单子上，写着孩子们要在海滩上寻找的宝物：

1. 两种海里的植物；
2. 四种贝壳；
3. 一块非常圆的石头；
4. 一个蟹爪；
5. 一块带有花纹的石头；
6. 一根羽毛；
7. 一个两片连在一起的完整的扇贝壳；
8. 你无法辨认的某种东西；
9. 一个摸上去棘手的东西；
10. 一个意想不到的宝藏（没有列在此单内的非常棒的东西）。

拿到单子后，每个小组就都全力以赴地开始了在海边的搜索工作。大约半个小时后，孩子们纷纷集中到老师这里，一个个兴高采烈地展示他们寻得的宝物。孩子们凭着自己的想象力，还真找到了些奇奇怪怪的小玩意儿。这时已是下午一点半的样子了，按照计划，孩子们坐上由家长们担任司机的专车，兴致勃勃，满载而归。

十三 期末的快乐时光

92 去水上公园：家长和老师的聚会

非非班这个学期末的出游活动，是去水上公园玩水。水上公园离学校大约不到二十公里。当然又是由家长做司机，刚到上课时间，出游的队伍就出发了。

可惜这一天天公不作美，气温不到二十摄氏度，阳光也不够充足。公园的滑水游乐设施是露天的，孩子们初一下水都被冷水刺激得直打哆嗦。不过，滑水梯的小小冒险和冲进水中的快乐，使得孩子们根本顾不得寒冷，人人都尽兴地玩儿。好在大池子旁边有一个小热水池，怕冷的孩子也颇有几个，他们可以躲在热水池里一边取暖一边嬉戏。

有几位不怕冻的家长，特别是父亲们，和孩子们一起下水玩耍。我们其他一群家长就围坐在班主任老师朱赛特女士身边聊天。家长们七嘴八舌，并不是在聊教学，也没有盯着老师问孩子的情况，而是像朋友聚会一样，聊着生活中的种种乐事奇闻：一会儿有人讲露营中遇上狗熊的奇遇，一会儿又有人说这个暑假的计划，转而又谈到种花、做饭等等，话题轻松愉快。午饭的时间到了，家长们各自拿出给自己准备的午餐进餐，有几位家长拿出水果和甜点与大家分享。突然，有一位孩子的父亲，从饭盒里拿出一张餐巾纸展示给大家看，原来上面有太太在准备早餐时为他写的几个字：I LOVE YOU（我爱你）。在座的家长们都发出"喔喔"的赞叹声，朱赛特女士更是"哈哈哈"地高声大笑。我知道，她五十几岁了，但没有结婚，只有男朋友。不知道她的笑声表明什么，是赞美，还是觉得滑稽？

家长之间、家长和老师之间，又更熟悉了一步，亲近了一步。可惜已是学年

●到水上公园疯一疯

末了,孩子们下一年又要换新老师了。我很喜欢这位朱赛特老师,她总是兴致勃勃的,看脸上虽已经有许多皱纹了,但依然那样打扮入时、风度翩翩。

十三 期末的快乐时光

93 营地之旅：体验加拿大人的冒险精神

经过一年的筹资和准备，二〇〇八年六月中旬，非非班的二十八位学生和十五位家长，早上七点来到学校，登上一个旅行大巴，浩浩荡荡地出发，开始了为期四天的期末旅行。我们的目的地，是温哥华岛中部华盛顿山的一个营地。经过近四个小时的车程，中午时分，我们到达了这个叫斯特高纳的地方。

这个营地是一片大大小小的木屋，坐落在一个清澈见底的水库前。水库的另一端是一层层的高山。从旅行车上下来，对着这片秀丽景色，我们每个人都情不自禁地深深呼吸了几口极其清新的空气。

午饭之后，营地活动就开始了。此前，我对来这里做什么、怎么做，并不十分清楚，只知道孩子们在山里会进行各种野外活动。我想，反正我就是来看看孩子们都玩些什么，跟着他们就是了。谁知道，我们被分为四组，孩子们分三组，家长们单成一组，和孩子们进行相同的活动，但不总和孩子们在一起。四天的日程，安排得满满的，每天上午、下午和晚饭后各有一项不同的活动，从走钢丝到划独木舟，从踏入沼泽地到攀岩，从行山到开篝火晚会，丰富、惊险的活动让我全面地尝试了营地生活。

头一天晚饭后的单人独木舟，我已经觉得有些出乎我的意料了。以前在北京，我只划过北海里的小木船，慢慢悠悠，稳稳当当，一点不可怕。这小独木舟可就不同了，掌握平衡很重要，动作一大就容易翻船。开始的时候，导游为了让我们先适应一下，只是安排了很平和的荡舟，那也足以让我胆战心惊、小心翼翼了。过了二十分钟，当大家感觉划得自如了，导游就组织游戏，让大家抢球。没

233

过两分钟,就有好几个人"扑通、扑通"翻船掉入水中。那时虽然是初夏,但山里的气温到了晚上仍然很凉,不过十度,湖水更是刺骨的。我实在惊恐不已,决定上岸。紧接着,他们又玩了更惊险的游戏,叫作"踩钢琴",就是所有的船并成一横排,然后互相紧紧拉住,有一个人要从每一只船上面踩过,来回走一趟。你可以想象,踩船的人一失衡就会掉到水中,被踩的船也会在水中上下左右地摇摆,一旦失手也会落水。家长们虽然个个像落汤鸡,但人人都兴致勃勃、乐不可支。我却庆幸自己上来得早,能躲过这场惊险,同时心里又暗暗叫苦:要知道是这样,我就不来了,我怎么能和洋人们一般疯玩?

好戏还在后头。第二天一早,我们就被拉到山里。在绿森森的大树与大树之间,有一道道离地三米、五米和十几米不等的钢丝绳索。导游告诉我们,今天上午要做的就是走钢丝。我一听,顿时两腿发软,心中唯一的念头就是:我绝不玩这个,我绝对做不来。而其他的家长们,却个个摩拳擦掌、跃跃欲试。当他们一个个系好了安全带,爬上了五米、十米的钢丝时,我就越来越感到,我得硬着头皮上,否则我就是游离于这个圈子之外的人,我站在一旁像个胆小鬼似的观望,似乎滑稽可笑。于是,我咬咬牙,也系上了安全带,开始攀登。我扶着根软软的绳子,哆哆嗦嗦地挪着步子,眼睛不敢望下看,但却知道我是没

● 妈妈走钢丝:体验加拿大人的冒险精神

十三 期末的快乐时光

有退路的,既然上来了,就得下去,况且前面那么多人都做过了,别人都下来了,我也应该可以下来。从三米爬到五米,再爬到十米,我听到已经下来的家长们在为我叫好:廖,你做得很漂亮,很好。可是,要知道,往下走比往上走更难。正当我不知所措时,下面的家长们不时提示我一些技巧:这个地方你先放右脚;这一步要蹲下;现在双手抱树……就这样,我终于从天上下到了地面。脚踩着坚实的土地,心里真踏实。这时,全体家长为我热烈鼓掌,祝贺我成功落地。我就这样踏入了这个团体,心中不免有些得意:瞧,我也能做!

下午的项目是攀岩。我们一行人来到一块十几米高的峭壁前,正好和非非他们组交换场地。我见到非非,好奇地问他:"峭壁好爬吗?"他兴奋地说:"好爬!可好玩儿了。"我问他害怕不,他说:"就是从上面下来时,在最开始的地方,有一点点儿害怕,不过很快就好了。"我抬头一看,我的妈啊,顶上是垂直的,要在那里,我看都不敢往下看,更不要说攀下来了。非非倒是一副满不在乎的样子,临走时对我说:"祝你好运!"我不想上,因为怕下不来。没想到,我刚一宣布不上了,家长们就开始给我打气。他们七嘴八舌地说:"你上午做得很好,你完全可以上去,没问题。"可我实在是勇气不足,还是在打退堂鼓。这时,有一位家长说:"刚才你儿子不是祝你运气好吗?他一定非常希望你上去。如果你不上,他会失望的。"这话一下子就把我说服了。我当然不愿意让孩子失望,更希望孩子为我高兴。于是,一鼓作气,我也完成了这个项目。

经历了这两次活动之后,后来的飞滑绳索,不仅不在话下,我还真正尝到了悬空飞行的快感。我明白了,他们设计的这些运动,不仅保护措施严密周全,而且在保护中还带有协助,一点都不危险,它其实只是考验你的胆量和意志,而绝不是技巧。随后的两天,我们走入沼泽探索生态,爬上山顶观看落日,只不过就是要费一点体力而已。最让我们感到轻松享受的,是划单桨木舟和双人木舟,在水中悠闲荡漾。孩子们也划着木船，和我们一同穿梭在湖水中，我们双方都举手相互喝彩。以前，我常常看到加拿大人做这些运动，佩服他们的勇敢和体魄，但以为这是我一辈子可望而不可即的。没想到，在这次旅行中，我尝试了好几种。在营地活动闭幕式的篝火晚会上，我很自豪地对孩子和家长们说："我觉得我现在是很地道的加拿大人了。"当然，我更骄傲的是，我的孩子从小就有机会锻炼他们的体魄、胆量和意志，这对他们一生的积极影响将是不可磨灭的。

94 内容详尽的成绩报告单

在加拿大，孩子们的成绩报告单和我们小时候的那种完全不同。记得我们那时，每年期末拿到的各科成绩表，记录的只是我们学期中和学期末的考试成绩。而这里的成绩报告单，内容极其复杂。通过查看他们的报告单，家长能详细地了解孩子们一年来在学校所受到的训练。**报告汇报的，是孩子处理本年龄段具体问题的能力以及认知水平。学校重视的，是培养孩子们对知识的兴趣和动手能力；而对不同年龄的孩子所提出的要求，既科学，又细致入微。**英文班和法文班的教学内容，也不大相同，所以具体报告的内容和形式都略有不同。总体上讲，在小学四年级以前，是不用ABC的成绩来考核学生的。

在我们老大三年级时的英文班成绩报告上，每一个细项都只用两个符号表示孩子的学习进度：对钩，表示孩子的能力达到或符合他这个年龄的水平；星号，表示在这方面还存在一些问题，老师会在下面详细阐明孩子的问题和应该努力的方向。汇报的内容有八个方面，包括德智体美各个方面，详情如下：

第一，社会责任

1. 体谅和尊重他人
2. 表现出正面的自我观念
3. 表现出对他人的友情
4. 接受学习中的各种挑战
5. 使用合适的战略解决冲突
6. 懂得对自己的行为负责任

7. 在课堂上保持精力集中

8. 爱护自身、爱护个人的财产

9. 在学习和玩耍中能与他人合作

10. 当需要时能独立学习

11. 完成功课

12. 听从指令

13. 遵守班级和学校的规则

14. 参与各项活动

第二，语言艺术

1. 参与讨论（提供信息、想法、观点和感受）

2. 能够聆听并且理解（故事、非故事和口头表达等等）

3. 表现出对书和阅读的正面态度

4. 能够通过各种方式阅读

　　— 图画

　　— 节奏

　　— 语音

　　— 识别感叹词

　　— 上下文（有意义的表达）

5. 能够阅读并理解

6. 能够用图画来表达意思

7. 对写作表现出兴趣

8. 能够清楚地书写字母和数字

9. 能写各种议题（描述、讲故事、告知、回复等等）

10. 能使用各种方式拼读

11. 能使用标点符号

12. 能检查和订正自己的书写

13. 能够通过讨论、写作、图画、表演和作图对阅读和看到的东西做出反应

第三，个人计划

1. 能做出选择并且实施计划

2. 懂得健康生活的选择和个人安全措施的重要

3. 树立个人成长的目标

4. 发展自己的长处、才能和兴趣

第四，数学

1. 理解和运用新的概念

2. 认识数字模式并能做出寻找规律（patterns）的题目

3. 能对数量做出理智的评估

4. 能表现出知道如何解决问题（通过口头或笔头表达和运用具体的物质材料）

5. 能够分析数据

6. 能够计算

第五，社会科学

1. 表现出对学习其他民族、地方和其他国家历史的兴趣

2. 表现出思考能力（举一反三和运用知识）

第六，自然科学

1. 表现出对科学的好奇

2. 表现出思考能力

3. 理解科学概念

4. 表现出懂得科学程序

5. 会观察并能记录观察

第七，审美和艺术发展

1. 表现出对艺术活动的兴趣

2. 艺术技能有提高

3. 表现出对音乐活动的兴趣

4. 音乐技能有提高

5. 表现出对演戏的兴趣

6. 表演技能有提高

第八，体育发展

1. 对积极的生活方式表现出正面的态度

2. 参加体育活动

3. 在运动中能与搭档和小组合作

4. 理解并能遵守游戏规则

5. 注意自己和他人的安全

6. 表现出运动技能（跑步、跳高、跳远……）

7. 表现出使用运动器械的技能（扔球、接球……）

二年级法文班的成绩报告单，则分4级来表示学生的程度。"4"表示孩子的水平超出预期，"3"表示达到要求，"2"表示距离要求还稍差一点，"1"表示还未达到预期。其中的内容，根据法文学习的特点，又与英文班有所区别。

一、法语艺术

阅读：

独立阅读

能够确切地拼读（法文词尾不发音）

通过阅读可以复述、预测、按照顺序讲述情节和运用绘画画出结局

通过阅读可以遵循方向、辨认主要思想、细节、人物和情节

阅读时运用各种方式（画图、反复阅读、自我更正、语音技巧）

写作：

写字字迹清楚

能够通过写句子、故事、诗、日记、报告和信件表达思想

能够校正、编辑和运用语法、拼写、标点和大小写

能够使用各种辅助工具书写（如：词语字典、词语墙、音标、拼读、关键词等）

听和说：

在课堂上说法语

能使用法语完成功课、表达意见、提出问题和传递信息

在别人讲话时能给予尊重，专心听讲

二、数学

能够辨认锥体和棱柱体

辨认、数数、描述固体的面和边

辨认对称

能够使用手势、图表、符号做出50以内的乘除的过程

能够使用不同的方式表现出理解分数怎样表达物体的某一部分

辨认和使用钱币来估计、数数、累计、建立价值和进行交换

能够使用大概、好像、不太可能、有希望等等的词汇表述结果的可能性

能够做可行的实验，会运用适当的现成的方法，并画出结果

三、科学

研究所选择的某个动物的行为、天敌、猎捕和适应环境

通过在课上准备和分享自己选择的一两个实验表现出对科学的兴趣

提出促进探索和深化研究的问题

表述空气和水的物质形式

四、社会科学

运用战略制作来计划和处理课堂问题

解释加拿大许多标志的象征意义

辨认和找出卑诗省在加拿大、北美、太平洋和世界上的地理位置

作为集体中的一员承担的角色和责任

演讲经过研究得到的信息（如报告、项目）

辨认加拿大各省和领土

五、体育

演示个人或集体基本的舞蹈节奏和动作

表演简单的个人或集体的体操动作

表现出听从指令、跟随规则并坚持完成给予的任务

与他人合作时表现出希望分享意见、空间和设施

六、艺术

能创造出反映自己经验的图像

运用直线、形状、颜色和文字创作图像

运用各种材料、步骤、技巧、工具和设备制作两面体和三面体的图像

运用与自己年龄相符的行为作表演者和听众两个角色

能创作有开头、有情节和有结局的故事

七、个人计划

表现出的行为对学校的安全和健康有益

在完成目标方面能看到进步

表述如何拒绝和避免不知道的和有害的东西

表述解决问题的模式（走开、不理、谈论此事、寻求帮助）

表达对自己或他人的特征、技能和成绩的赞赏

八、学习的习惯、态度及努力程度

集中精力完成课业

表现出持续性的努力

遵守指引和常规

独立学习

练习自我控制

十三 期末的快乐时光

有序地书写作业

孩子们每一年的成绩汇报内容,都根据每个年龄段所学习的内容和要求的不同,在细节上有所变化。但就报告总体形式来讲,仍然是这么详尽。

95 用歌声欢送退休老师

记得第一次在校景小学参加全校新学年师生大会时，我曾惊叹这个学校几乎百分之九十以上的老师都年过半百。几年之后，许多老教师陆续退休，我对此感到十分惋惜。她们都有一套教孩子的程式，有几十年来积累的丰厚的教学知识和经验，有判断和识别孩子特点的敏锐观察力，更有对孩子严格训练的方法。新招聘来的老师，固然有年轻人的活力，但在业务水平上却差距颇大。尤其是法文老师，我甚至发现年轻一代教师的法文水平相当差，我相信这也是我们这个城市在教育方面的忧患。

在这些退休人员中，有两位教过我们孩子的老教师。一位是一年级时教非非的迪克森女士。她是一位和蔼可亲的老太太，喜欢和家长聊天，每次见到我，总会主动过来说说非非在学校的趣事。有一次放学时，她在楼道里问我："海带是植物还是动物，你知道吗？今天非非很肯定地说'海带不是植物'，我一下子拿不准了。他讲的话常常是正确的。"我也很疑惑，就问在一旁的非非是从哪里看到这个小知识的，非非很快说出出自某本书。回家后，我特地查阅了那本书，原来书上说海带属于菌藻地衣类植物，和普通植物是有区别的。还有一次，迪克森老师告诉我，非非的记性特别好，她只提到过一遍的单词，其他孩子都没有注意到，只有非非一下就记住了，这让她赞叹不已。这也是老教师懂得家长的心理吧，顺口讲两句孩子在学校的小事当然是家长最爱听的话题。

我十分喜欢和迪克森女士聊天，与她说话时常常忘记了她的教师身份，而完全把她当作自己的朋友，随便而无所顾忌。有时我们还会谈及一些家事。我问她,她的英语和法语为什么都那么纯熟,她告诉我,她母亲是地道的魁北克人,主要说法语,当然也会说英语,而他父亲却只讲英语,她从小是在双语环境中长大的,自然两种语言都非常好。她也不避讳谈及她的几个孩子,特别是中间一个有一些先天的问题,所以成长并不顺利,也不出色。还有一次,我们带孩子外出,回校前,她清点了几遍人数才放心。然后,她告诉我,若干年前,她带孩子去游泳,回来时发现少了一个,她的父亲还是加拿大的一位宇航员呢。迪克森女士不无自嘲地说:"瞧瞧,我竟然把宇航员的女儿丢了。"当然,她那时赶紧赶回游泳池,把她接了回来。

在她退休前的几个月,学校给家长的信中就通知各位,迪克森女士希望收集和保存一些她教学生涯的纪念品,希望家长们帮助提供。我想,一个老师最珍视的,一定是他所教过的学生,而迪克森女士又是我们来加后非非的第一位老师。于是,我和非非商量,送给她一张卡片,并附上一张非非的照片作为留念。非非在卡片上工工整整地写了想念老师的话,并签了大名。

另一位退休老师,就是栓柱三年级时的托马斯女士。她和迪克森女士的风格大不相同,虽然也很和蔼,但并不喜欢和家长聊天。她办事严肃认真,有求必应,会观察孩子,善于抓住孩子的特点。我有机会参加了学校为她举办的欢送仪式。那是在暑假前的最后一次全校大会上,学校宣布了她退休的正式通知,然后,她教过的几个班的学生,依次上台为她演唱,歌词还是专为她填写的呢。歌词的大意是,感谢她并预祝她退休生活愉快。最后,她上台来向大家致谢,并告诉大家,作为一个教师,她最大的愿望是希望看到她的学生成长的人生之路。她仍然生活在维多利亚,如有机会在路上碰面,她愿意知道孩子们那时的生活和工作情况。话语相当简单、平实,没有高调地去鼓励孩子们成才,而是在平常的生活中寄予深厚的师生情谊。

96 老师再见，孩子们再见

还有两天就要放假了。按照加拿大小学的常规，孩子们总愿意向老师小小地表示一下感谢之意。栓柱和非非每人准备给老师送一张感谢卡和一支笔作为礼物。栓柱在卡片上工整地写道：祝托马斯老师假期愉快。非非却很认真地给朱赛特女士写了一段话。

亲爱的朱赛特女士：
　　您是一位非常慷慨、聪明的女人。我喜欢看您在院子里骑车，我喜欢听您在教室里讲故事。
　　祝您假期愉快！

然后是署名。
　　我看了儿子的卡片，禁不住偷笑。在我们看来，这些话写给老师似乎有点不甚合适，但我知道，这是老师这个学期教给他们的写作技巧。他们练习了一年，他在父亲节和母亲节的礼物中都运用了这样的写作句式。最后，又纯熟地用在了给老师的感谢卡里，我想老师一定会感到欣慰。
　　最后一天放学回家，两个孩子都收到了老师回赠的物品。托马斯女士给栓柱送了一张小卡片，上面是这样写的。

亲爱的栓柱及全家：
　　这支笔真可爱，我非常喜欢！谢谢！

　　　　　　　　　　　　　　　　　　　　　　　　托马斯女士

十三　期末的快乐时光

非非得到了老师赠送的一本书。老师给全班每位学生都准备了一本书,并让他们随意挑选。非非选择了一本科学读物,甚是高兴。

一年的学习就这样结束了。孩子们告别了相处一年的老师,告别了天天同堂的小朋友,开始了两个月的自由自在的假期生活。

●毕业啦,向老师献上一束鲜花

97 该上中学了！

在加拿大，五年级是小学的最后一年，而六、七、八年级则进入初中阶段，九至十二年级就升到高中了。从小学到初中再到高中，升学不用考试，而是直接转入同一社区的中学。当然，如果你不喜欢自己这个社区的中学，也可以把孩子转到其他中学去。一般来说，一个社区里每两所小学的学生升入一所中学。校景小学的学生直接升入的中学叫作杨梅树中学。如果是直接转入这所学校，无需任何手续，我们家长和孩子们甚至不必填写任何表格，更不需交一分钱，一切由学校统一办理。在小学五年级，学校就开始做准备工作，为的是让孩子们有充分的心理准备。

比如说，在音乐课方面，到了中学，孩子们除了学习弦乐，还可以选择学习管乐。而杨梅树中学的音乐项目尤其有口皆碑。为了让五年级的小学生们对管乐有所认识，杨梅树中学七年级的管乐队，每年都会来校景小学举行演奏会。五年级的孩子们，亲眼看到哥哥姐姐们使用各种各样的管乐器吹奏出美妙的旋律，也都深受感染，跃跃欲试，常常早就有心地选择好了自己喜欢的乐器。非非就是看了他们的演出之后，早早就决定要学萨克斯管。那天他回到家，激动地搬出一本厚厚的乐器词典，找出有关萨克斯管的词条细细阅读。在参观过中学之后的某一天，学校会发来通知，让孩子们选择想要学习的乐器。这样，当他们一进入中学，就可以开始他们的新的乐器演奏学习课程了。

在五年级的最后一个学期期末，小学组织大家到中学去参观。那天，我随非非他们班一起参观了杨梅树中学——其实，栓柱已经在这里就学一年了，我对这个学校已经颇为了解了。当年栓柱来参观这所学校时的场景我还记忆犹新。现在，非非也就要到进入中学的年龄了。那是一个阳光灿烂的下午，孩子们在老师和一些家长的陪同下，步行二十分钟，从校景小学来到杨梅树中学。在学校的大礼堂里，校长罗亚女士接待了来自两个小学的五年级的孩子们。她简短的讲话，主要是告诉孩子们，中学和小学有什么不同。她的口气，听上去全是在安慰孩子们。她说：有的小朋友一进入中学，教学楼比小学的大很多，生怕自己走丢了，我告诉你们，不会的，我们仍然会排队从一个教室走入另一个教室的；还有的小朋友知道，在中学里，每人会有一个将近一人高的储物柜，对此你们不要担心，你们一定不会被锁进去，我保证。她的话逗得孩子们哈哈大笑。接着，校长又说：中学会比小学时的家庭作业多一点，但我保证你们不会有一千分钟的作业，可能只有八百分钟或者六百分钟的作业吧，你们一定能完成的。孩子们知道校长又在逗他们，又哈哈笑了起来。最后，校长告诉孩子们：如果你们遇到任何问题，就来找我，因为我是校长。所以，你们一定要记住我的名字。我叫罗亚女士。她一再强调：你们一定要记住，这非常非常重要！接着，她问孩子们：校长叫什么名字？孩子们齐声回答：罗亚女士。她不满意，说道：声音不够大，再来一次！于是孩子们扯着嗓子大声地说：罗亚女士！她说：对了，再来一次。孩子们声音更高地喊道：罗亚女士！她满意了，说：对了，好好记住这个名字！

为了活跃气氛，接下来，杨梅树学校的老师组织孩子们进行了一场游戏。游戏中，以"责任"为口号，孩子们被分为四个小组，每个小组都举托五个气球，不准让气球落地。看哪个组的气球不落地，哪个组就最有责任感。话音一落，一场托气球的比赛就热烈展开了。孩子们你争我抢，场面热闹，个个情绪高昂。不知不觉当中，孩子们就对这所学校消除了陌生感。

接下来，孩子们又被分成四个组，分别对图书馆、电脑室、艺术室和音乐室进行参观。非非他们组参观的是艺术室。这是一间宽敞明亮的教室，室内摆满了艺术创作所需要的各种工具和材料。艺术老师上来就告诉孩子们，到了中学，艺术课主要有这样几项内容：画画、手工缝制、陶艺和木刻。今天就让大家试一试陶艺。接着，老师分给每个孩子一小块陶土和一个细长的刀片。老师先让孩子们把陶土挤压成一块扁平的长条形，然后用极其简洁的手法向孩子们示范如何刻出一个鱼的形状，再如何在鱼的身上雕刻出花纹。老师的手放在讲台上做着示范，讲台的上方有一面大镜子，像屏幕一样，把老师的示范清楚地展现给所有学生。孩子们模仿老师的手法，很快就都把自己的小鱼做了出来。老师让每人把自己的作品做一个记号，然后收到一个大盘中。她说，她将在炉子里用一千多摄氏度的温度把这些陶鱼烧上三十个小时，等孩子们九月份来到杨梅树中学上学时，就能看到自己的作品了。

　　短短的一个下午，孩子们对即将就读的中学既增加了许多了解，又增添了几分向往。毫无疑问，他们的中学生活将更加丰富多彩。

十三　期末的快乐时光

98　小学毕业

就要小学毕业了。每年学年结束前的最后一个下午，是五年级学生的毕业典礼。五年级的家长一般都会参加这一活动。典礼仪式很简单。五年级的孩子们在学校礼堂的后台列队等候，五年级的授课老师在台上按照姓氏的字母表顺序叫到一个学生的名字，那位学生就走上前台，校长在台上伸手与学生握手祝贺。握手之后，学生通过一个彩色气球扎成的门，面对台下的全校师生停留片刻，家长们趁此之际拍照留念，记录下孩子小学阶段的最后时刻。当所有五年级的学生都走完这个过场之后，五年级的学生再为老师和低年级的同学演唱两首歌曲。最后，校长致词，恭喜学生毕业，并祝他们在中学更加快乐。

仪式一结束，低年级的学生们退场，而毕业班五年级的学生都争先恐后地跑到台前和同学朋友合影留念，交织的闪光灯在礼堂里闪个不停，拍下了孩子们的张张笑脸。校景小学，再见！小学时代，再见！栓柱和非非的小学阶段，就在彩色气球、愉快的歌声和一片闪烁的镁光灯之中拉下了帷幕。

● 小学毕业了，人人都要上台与校长握手

后 记

看到我的两个孩子走过的小学生活,我总觉得他们的生活充满了幸福。除了物质生活的丰厚、社会环境的安全,以及加拿大得天独厚的辽阔、壮丽、丰富和宁静之外,孩子们在学校里也备受关怀。他们极少受到老师的批评,总是得到赞扬、鼓励和奖赏,哪怕只是一个微不足道的善举、一丁点儿的进步。每天面对他们那无忧无虑的笑脸,我有时甚至担心:他们会不会被宠坏了?

可能无需这样的担心。他们知道并同情世界上还有的那些生活困苦的孩子,他们关心环境保护并深深懂得我们只有一个地球,他们可以在冰天雪地里露营、自己动手做饭,而依然兴致盎然,丝毫不觉得自己在受苦。从他们的身上,我处处都能看到这里的教育给孩子们的精神成长留下的种种痕迹:自信而谦和,对知识和自然的高度好奇,对法律的严格遵守,对朋友和陌生人的友善,以及毫无世俗心等等。特别是,他们有丰富的科学和社会知识,并善于独立思考,喜欢探究和思辨。非非大约十岁的时候,曾经向我们提过这样一些问题:为什么人类在发动战争时却说是为了和平?一个事情的发生为什么结果是这样的,而不是那样的?一种物质为什么会是这种形态而不是另一种形态?孩子的父亲不无感慨地说:这都是我的那些博士生们在课堂上讨论的话题。前几天,特大月亮出现的那天,我们议论,网上传闻要有大地震发生。栓柱嘲笑道:怎么会呢,月亮只会影响潮汐,与地壳运动并无关系。于是我们趁机追问:那人们传说2012会是地球末日,你觉得可能吗?他很有把握地说:不可能,因为地球还没有进入它生命的中期阶段。我又进一步问道:那人类是不是面临着灭亡的命运呢?两个孩子都否认。理由是:人类的适应能力很强,他们可以在地球各处生存,因而不会被轻易毁灭。因为掌握相关的科学知识,也相信科学的力量,他们对那些我们大人也会半信半疑的谣言处之泰然。这无疑是受到了这个社会人文精神和科学精神的至深影响。我对他们的回答倍感欣慰，对人类的未来寄予无限希望。孩子就是我们的未来。

这并不是说他们多么优秀——事实上，我写这本书的目的，就是记录并介绍那样一种教育哲学和教育制度：孩子们并不和别人比谁更"优秀"，重要的是发挥他们自己与生俱来的品格特点，做出自己力所能及的努力，学习成为人类"全球村"的一个合格公民。我的孩子现在还小，才步入初中阶段，人生的道路漫长。我衷心希望他们在这个幸运的环境中健康成长，将来自己有能力独立生活，做一份自己真正感兴趣的工作，愉快地享受人生。我想这也是天下父母对孩子最基本的期望吧。在我看来，一个社会的教育能达到这个目标，就是最大的成功。

这本书出版，我十分高兴。借这个机会，我想表达多重的感恩和谢忱。首先，感谢父母——他们已经没有机会看到这本书了，我愿把这本小书敬献给他们的在天之灵，表达对于他们养育和教育的感恩于万一。其次，我要感谢好多朋友——有的是很熟悉的多年老友，有的是尚未谋面的热心新知——他们在本书的出版过程中给了我多种帮助，使我有机会与读者分享自己对加拿大小学教育的观感和对孩子成长的种种关心。这些朋友中有王兆军先生、戴晴女士、郭玉闪先生、孙莉莉女士、冯媛女士、陈晓帆女士、胡微华女士、洪朝辉先生、马立诚先生、张安纪女士、赵晓东女士。同时，感谢为本书撰写了热情荐语的冯媛教授、吴伟平博士、李政博士。再者，我要感谢宁波出版社，特别是本书责任编辑陈静女士及她的同事们，她们为此书的出版尽心尽力——我非常庆幸遇到陈静女士这位堪称知音的责任编辑。还有，我想谢谢两个孩子：这些年来我感觉自己在和他们一起成长，重新学习了人生的很多基本而宝贵的东西。最后，我要感谢的是孩子爸爸吴国光，是他给我出了这么一个命题作文，也在写作过程中给了我种种建议；相同的教育理念，使我们得以和学校一起共同教育孩子，使孩子健康成长。

祝愿所有阅读此书的父母、老师和儿童都有愉快的教育生活！

书评与读者来信节选

作者曾在法国专攻新闻传播学,现在从事教育工作,同时她又是一位全心全意关爱孩子的母亲,这一人文禀赋及职业特点,使她这本书既有不俗的专业视角,又有大量非常丰富的细节。在书中,她对加拿大教育所依托的社会环境、教师的教学技巧、教师如何与家长互动并参与到学校教育中来,都有详细的描述与精到的见解。就算是一个专业教育考察团对加拿大小学教育做系统的考察并写出报告,我相信在生动与直观上也无法超过这本书。

何清涟,旅美著名经济学家,《以人为本的教育——读廖晓英〈小学还能这样上——中国妈妈眼中的加拿大教育〉》

此书的首要特点在于它是国内第一本全景式记录加拿大小学教育的观察笔记式著作。所谓全景,是记录小学生在校学习过程的每个校园场景,记录教育实践的全过程。全书的目录就是一种教育的全景式俯瞰!尽管现在国内的教育学著作浩如烟海,本书的独特之处,是作者以母亲的感受、学者的眼光、文化人的细腻与观察,向我们描述了西方文化背景下的小学教育过程及小学生的成长。行文犹如教育日记,文字清新,深入浅出,材料翔实,观察敏锐,点点滴滴记录了加拿大的小学教育,给人们以很客观的印象与具体的思考。

扈海鹂,江苏行政学院社会学部教授,《教育:社会理想与价值取向——读廖晓英的〈小学还能这样上——中国妈妈眼中的加拿大教育〉》,加拿大《文化中国》杂志2011年第四期在《小学还能这样上——中国妈妈眼中的加拿大小学教育》中,我们看到的是两个中国孩子快乐成长的经历。加拿大的小学教育,是在浅层次上扩大孩子的知识结构,是孩子带着兴趣探索周围世界、朝着合格的社会公民发展的过程。在经历两种不同的教育方式之后,作者廖晓英得出结论,两国教育差别的根本在于教育理念的不同。

秦志学,渤海大学,《为孩子铺就通向未来之路》,《中国教育报》"教师书房"2011年10月27日

天津市学会学研究会理事长、原任天津市科协党组书记、常务副主席宣栋生为在困惑中的中国家长和老师推荐了国内第一本全景式记录加拿大小学教育的著作——《小学还能这样上》。

加拿大的小学并不"灌输"多少知识,重要的是通过语言艺术课和阅读让孩子从小养成读书的习惯,培养独立学习的能力,在学习中激发创新思维和实践能力,并从老师、家长的行为中去认识怎样做人、如何塑造人格。其教育紧密伴随艺术和体育,迎合孩子天性,培养团队精神和竞争意识,充分展示才华,成为不可或缺的生活方式。

在宣栋生看来,如此教育,孩子才能在快乐中度过"金色童年"。

《小学就应该这样上,中国妈妈眼中的加拿大小学教育》,中国新闻网2012年2月13日

作者以学者的眼光,真实地记录了自己孩子在加拿大小学的求学时光,描绘了最真实、最鲜活的加拿大小学生活。通过作者的描述,我们可以清晰地感觉到,加拿大的小学生是快乐的,"科学教育"是浅显而实用的,"社会学科"重在教孩子做人,"艺术教育"是学习、欣赏和表演的完美结合,体育重在团队精神的培育,各种节庆的教育资源也都充分挖掘了出来。对教师而言,育人和教书得到了有机的统一。对家长而言,家校合力的发挥也到了极致。

马虹亚老师,浙江省宁波市镇海区精英小学

通过廖博士记录的关于两个孩子的观察日记,看得出来,加拿大小学教育的一大特点,就是简单易做。我更深深地读懂一句话:细节决定成败。加拿大的教育如此成功、完美,就

是赢在了细节上。而这些细节的背后是老师对每个孩子的尊重,他们注重每个孩子的全人发展,把培养孩子做一个完整的人的教育理念蕴含在教育的每个细节处。

王艳芳,山东省威海市塔山小学,《赢在细节的加拿大小学教育》

从学校推进学生阅读和语言训练的各种细节中,我们可以深深感受到加拿大小学教育中对学生语言运用和表达能力的高度重视。应该说,语言运用与表达能力是人的最核心的能力。目前我国劳动与社会保障部已将这一能力排在了核心能力之首。加拿大对学生阅读能力的重视,恰恰是以学生为本,为学生的终身发展服务的最好诠释。现在,我国国民的阅读情况依然不容乐观,推进国民阅读不妨从娃娃抓起。

刘波,浙江省宁波市镇海区仁爱中学,《教给学生终身受益的能力》

品读完廖晓英对加拿大小学教育的切身体悟后,深深感到我们对小学教育的很多理解似乎还处于较浅的层面,而加拿大对于儿童天性的遵循与对生活智慧的培养令人耳目一新。儿童是人成长的起始阶段,也是一个人步入社会、感知世界的重要阶段。因此,儿童教育不应为儿童过度嵌入知识的枷锁,也不应让儿童奔波在各种辅导班的路上,更不应让儿童为了争夺小红花而苦苦追寻。在不经意间,我们往往让过度的智育束缚了儿童的成长。我们应该反思,我们的小学教育能否让儿童从知识的角度理解世界,从情感的角度理解社会,从信任的角度理解他人。因为,当一个孩童得以顺应心性地自由快乐成长,其现在和未来也将是幸福的。

张聪,东北师范大学教育科学学院,《过度的智育束缚儿童成长》

了解加拿大小学教育的内容和特点后,我没想到那里的孩子那么快乐,没想到小学还可以这样上,更没想到小学教育竟然有那么多与社会对接的内容。从中我也发现,教育要充分尊重孩子的天性,要让孩子在校园里感觉到快乐。我们的教育,当务之急就是让孩子少些课业方面的负担,解放孩子。

许雪梅,江苏省丹阳市实验小学,《儿童难以承受课业之重》

《小学还能这样上》展现的很多全景式案例中,我们都不能忽略这样几个鲜明的关键字:阅读引领、科学探索、团队合作、家校关系……

姜凌佳,浙江省嘉兴市海盐县向阳小学,《有感于〈小学还能这样上〉》

《小学还能这样上》这本书,行政官员应该读一读,然后尽可能为孩子创造良好的教育条件;家长应该读一读,及时转变人才观念、人生观念;老师更应该读一读,书中有很多具体的教学工作经验可以借鉴。那不久的将来,这样的小学,我们也可以"上得起"。

生命彼岸博客,《这样的小学,我们暂时"上不起"——读廖晓英的〈小学还能这样上〉》

"理想的教育是需要一种把人当人的教育,应该是目中'有人'的教育,是充满人情、人性和人道的教育,是为了一切人全面发展的教育。"看了《小学还能这样上》一书,不经意间发现加拿大小学教育的精髓所在——放任孩子的天性,让他们自由成长,特别感慨万千的是——教师给予学生的不仅仅是知识,更多的是一种发自内心的人文关怀。

Jsblog,《人文的背后是"尊重"——读〈小学还能这样上〉》

什么是孩子的创造力?我一直停留在将太阳画成绿色的。那太肤浅了,毕竟我就是无创造力的一代。你看作者儿子的外语教学:老师引导阅读后,自己谈论文章的内容,谈论自己最喜欢的章节。最后创作一个跟这个阅读内容相关的作品。可以是任何题材。所以,在阅读过一篇《流浪记》后,作者的儿子创造了一幅画。那是一个餐厅,他假设主人公从荒岛归来后开了一家餐厅,里面的菜谱无所不有,由各种植物和昆虫构成。孩子乐乐地说,大家都很喜欢他的作品,因为当他向同学们讲述时,哄堂大笑。

静,《在呵护中成长》,豆瓣读书

整个的小学教育不仅仅局限于文化知识方面,而是涉及日常生活的方方面面,让孩子对社会上的一起事务都有接触有了解,培养孩子的学习能力、自立能力、抗压能力、人际交往能力、运动能力……与此同时,也很重视每个孩子的心理健康、心理发展。

Xiaogbin,《〈小学还能这样上——中国妈妈眼中的加拿大小学教育〉读后感》,江沪论坛

什么是幸福?幸福就是每天放学后做作业的时间不用超过二十分钟。什么是幸福?幸福就是在拥有五十平的面积的教室里和二十四位同学一起上课。什么是幸福?幸福就是分班的时候可以选择和自己的好朋友分在一个班里。什么是幸福?幸福就是总是会得到老师的夸奖而不用担心老师那鲜少的批评。幸福是什么?幸福就是在学习知识的同时还比较擅长分析和解决实际问题。幸福是什么?幸福就是当校长未尽职时可以被家长解雇。当然,在这本书里面还有很多很多这样的幸福,这就要靠你自己到书里面去挖掘啦……

Justin 爸,《〈小学还能这样上——中国妈妈眼中的加拿大小学教育〉读后感》,江沪论坛

加拿大的小学并不"灌输"多少知识,重要的是通过语言艺术课和阅读让孩子从小养成读书的习惯,培养独立学习的能力,在学习中激发创新思维和实践能力,并从老师、家长的行为中去认识怎样做人、如何塑造人格。其教育紧密伴随艺术和体育,迎合孩子天性,培养团队精神和竞争意识,充分展示才华,成为孩子不可或缺的生活方式。

丁童的博客,《廖晓英〈小学还能这样上——中国妈妈眼中的加拿大小学教育〉》

自己动手,自己学习,是孩子们在学校学习最常用的方法。老师在开始时适当地引导一下孩子们,然后就给他们出题目,让孩子们自己去找资料,自己研究和学习,然后把成果拿来向同学们展示和介绍。

毫无疑问,在知识领域里的这种主动性十足的遨游,比单纯被动地接受知识,要更有趣、更神秘,当然也更富有挑战性。孩子们其实喜欢接受挑战。正如本书作者廖晓英所说:知识世界是无边际的,学会如何探索这个世界远比学习知识本身更加重要。

吴雪莲,《自己动手做项目——读〈小学还能这样上〉有感》

从作者的叙述中,我们能够感受到,两个孩子的"生活充满了幸福"。两个孩子一直在全身心地投入到各种实践活动中。用非非的话说:"我们在学校里不是学,而是做。"作者称之

为"做中学,学中做"。在我们中国人看来,简直就是"玩儿"。孩子的小学生活就是在"玩儿"中度过的。孩子们无时不在活动,无处不在活动;教师的教学,就是组织孩子们活动。这些活动,有的与学科课程相结合,有的与重大节日相结合,有的则与其他社会活动相结合。

田永丰,中国西北地区教育工作者,读者来信

我是一名来自中国的中学英语老师……怀着好奇的心态看完这本书,开阔了我的视野……

首先,加拿大的小学教育课程设置涉及语言、科学、艺术和社会等方面,而且小孩是在"玩中学",不是"学中考"……

其次,在整个教育过程中,家长都始终扮演着紧密配合学校的角色。

Lister Lee,读者来信